SAVOIR-VIVRE / SAVOIR-FAIRE

Christine ÖTTL/Gitte HÄRTER

Ayez le sens de la répartie !

Toutes les techniques pour rester maître de la situation et avoir toujours le dernier mot

VIGOT

Sommaire

Acquérir plus d'aisance

Travailler son sens de la répartie

3 Tenir bon !

4 Ne pas craindre les situations embarrassantes

1

Acquérir plus d'aisance

→ Pour devenir vraiment réactif, il faut une bonne dose d'aisance et de sang-froid, car il ne suffit pas de retenir quelques traits d'esprit adaptés à différentes situations critiques. Il vaut mieux gérer correctement ses émotions et garder la tête froide, afin d'être à même de réagir intelligemment. C'est une question d'entraînement !

C'est possible grâce au sens de la répartie

Il existe de nombreuses situations qui peuvent mettre quelqu'un dans l'embarras : une réflexion stupide, un commentaire cynique, un regard chargé de reproches ou une remarque désobligeante. Quand on est capable de rétorquer rapidement, avec aisance, et surtout à propos, on fait bonne figure aux yeux de son entourage et avant tout à ses propres yeux. Malheureusement, la réalité est souvent tout autre : c'est le chaos dans votre tête, vos sentiments se bousculent et votre réplique n'est ni rapide, ni sereine ; soit vous capitulez sans résistance (vous ne dites rien et refoulez votre colère), soit vous êtes maladroitement agressif (vous vous justifiez ou vous contre-attaquez). Il existe pourtant bien des moyens d'échapper à ces schémas usés, et de mieux gérer les situations embarrassantes.

Le bon et le mauvais côté du sens de la répartie

La notion de sens de la répartie est, sur le fond, connotée positivement. D'une façon générale, c'est plutôt un compliment de dire de quelqu'un qu'il a le sens de la répartie. On est souvent admiratif devant la présence d'esprit des personnes qui réagissent avec calme à la provocation et qui répondent à une attaque verbale par une réplique cinglante. Il s'agit généralement de personnalités du monde politique, des médias et de l'économie, rompues à l'art de la parole, qui servent d'exemples types et de modèles.

Vous pouvez parfaitement vous inspirer de-ci, de-là du mode de fonctionnement d'une personne publique, observée au cinéma ou à la télévision, mais n'oubliez jamais que, dans le monde des médias, les gens sont en représentation. Le but des joutes verbales est soit de divertir les autres, soit de se mettre en valeur. Et par-dessus tout : à la fin, on se contente d'éteindre les projecteurs. Les mots échangés sont sans incidence sur la réalité.

La vie réelle, en revanche, n'est pas un spectacle. Après une réplique sèche, il ne s'agit pas d'éteindre simplement les projecteurs, vous devrez en assumer les conséquences.

Certes, il est intéressant et judicieux d'avoir réponse à tout et de se tirer de situations délicates par un bon mot. Toutefois, le sens de la répartie présente de nombreuses facettes, et toutes ne sont pas avantageuses.

Il faut apprendre à distinguer l'aspect positif du sens de la répartie de son aspect négatif.

Sens de la répartie négatif

L'aspect négatif du sens de la répartie implique que l'on est convaincu que toute attaque (ou ce que l'on prend pour telle) est mal intentionnée, et qu'on doit impérativement se défendre pour éviter de faire figure de perdant. Il est très comparable au combat, et ceux qui en font usage divisent automatiquement le monde en gagnants et perdants.

Ce sens de la répartie vous met donc sur la défensive, votre but étant de couper l'herbe sous le pied de l'adversaire et de le battre.

Le sens de la répartie négatif vise à :

- remettre quelqu'un à sa place ou à le punir verbalement,
- le blesser et le faire taire,
- l'humilier ou le ridiculiser en public,
- paraître soi-même à l'aise et impressionner son entourage.

Malheureusement, ceux qui ont recours à des réparties de ce type prennent de gros risques. Elles sont généralement à l'origine

Formules toutes faites et bons mots

Pour exercer son sens de la répartie, il est souvent conseillé d'apprendre par cœur certaines formules, et de s'entraîner jusqu'à être capable de s'en servir quand l'occasion se présentera. Malheureusement, les bons mots appris par cœur sont à double tranchant. C'est le cas par exemple quand votre interlocuteur :

→ A lui-même le sens de la répartie

Il se peut alors qu'il rétorque par une réflexion du genre : « Vous avez l'esprit vif aujourd'hui ! Dans quel manuel avez-vous trouvé ça ? » ; « Vous avez pris votre courage à deux mains pour me jeter ça à la figure ! » ; « Qu'est-ce que ça veut dire ? Je n'ai jamais rien entendu d'aussi stupide ! ».

→ Se met vraiment en colère

Une formule toute faite ou une répartie inadaptée peuvent dans certaines circonstances jeter de l'huile sur le feu et mettre votre interlocuteur hors de lui s'il a l'impression que vous ne le prenez pas au sérieux.

→ Se sent provoqué

Il n'est pas sûr du tout qu'un bon mot fasse taire votre interlocuteur. S'il est lui-même sur des charbons ardents, il va rétorquer du tac au tac.

→ Ne pensait pas à mal

Votre interlocuteur s'est peut-être exprimé sur un ton déplacé, il est aussi possible qu'il soit mal luné. Une riposte sur le même ton risque alors de mettre le feu aux poudres et de déclencher une dispute ou une brouille à long terme.

Avant d'utiliser des réparties toutes prêtes, réfléchissez toujours à la façon dont elles vont être perçues et ce qu'elles peuvent provoquer !

de conflits graves et ne suscitent jamais ni admiration ni opinions favorables. Ils doivent s'attendre par exemple à ce que :

- la situation s'envenime et se termine par une dispute,
- les autres soient blessés et veuillent se venger,
- leurs relations se détériorent ou cessent définitivement,
- conflits et problèmes se compliquent au lieu d'être résolus.

Sens de la répartie positif

La question n'est pas là : il est parfaitement sensé de ne pas se laisser faire quand on est mis en difficulté, mais avoir le sens de la répartie ne se limite pas à trouver la réponse judicieuse qui va anéantir votre interlocuteur. Avoir le sens de la répartie, c'est :

- rester serein et maître de soi,
- parler ouvertement, mais pas aux dépens des autres,
- calmer le jeu,
- trouver des solutions.

Un sens de la répartie positif présente de nombreuses facettes. Il existe une large palette de moyens pour vous permettre de dénouer des situations délicates en parlant ouvertement – sans pour autant être blessant ou offensant à l'égard des autres. C'est le sujet du présent ouvrage. Pour se forger un esprit de répartie au sens positif du terme, il ne suffit pas de stimuler ses aptitudes à la rhétorique et de chiper aux maîtres en la matière bons mots ou stratégies verbales. Recherchez plutôt un solide équilibre intérieur : une conscience de soi raisonnable, une bonne dose de patience et de sang-froid et de l'intérêt pour les autres, ainsi qu'un soupçon de tact.

CONSEIL

Indépendance

→ Travaillez votre sens de la répartie, vous serez moins à la merci des autres, précisément parce que vous réagirez aux provocations de tous ordres avec sérénité, à bon escient et avec détermination, au lieu de contre-attaquer ou de fuir systématiquement.

Image de soi : développement du rayonnement personnel et répartie

Votre esprit de répartie a une grande incidence sur la façon dont vous êtes perçu par les autres, et dont les autres se comportent avec vous. Une personne qui réagit au quart de tour et qui se défend avec maestria passe d'un côté pour habile, courageuse, voire drôle, mais d'un autre côté, elle peut paraître dominatrice, intransigeante et froide. En revanche, une personne qui, lorsqu'elle est mise en difficulté, ne monte pas tout de suite sur les barricades, mais commence par tâter le terrain, qui manifeste du respect pour les autres, mais en même temps parle sans détours, est considérée par ses interlocuteurs comme réfléchie, sociable et digne de confiance.

QUI A UN SENS DE LA RÉPARTIE NÉGATIF court le risque de donner de sa personne l'image de quelqu'un :

- qui cherche à dominer les autres,
- avec qui il ne faut pas plaisanter,
- qu'il vaut mieux éviter.

Ce qui peut avoir pour conséquence que :

- les autres préfèrent prendre leurs distances, voire ne pas s'approcher du tout,
- il n'y a pas de retour (qu'il soit positif ou négatif),
- l'atmosphère est tendue et désagréable.

QUI A UN SENS DE LA RÉPARTIE POSITIF, passera aux yeux des autres pour quelqu'un :

- qui certes ne se laisse pas marcher sur les pieds, mais n'est jamais blessant,
- qui tend à chercher des solutions,
- qui traite les gens avec respect.

Avec lui donc :

- toute collaboration est constructive,
- la communication est facile,
- les malentendus sont vite écartés et les problèmes réglés collectivement.

Vous arrive-t-il souvent de sortir de vos gonds ?

Votre réactivité vous joue-t-elle parfois de mauvais tours ? Vous ne vous laissez pas marcher sur les pieds et tenez volontiers les rênes ? Notez bien ce qui suit :

→ Au lieu de réagir au quart de tour, essayez d'avoir une vision globale de la situation. Le retour de manivelle sert-il vraiment vos objectifs, ou ne s'agit-il que d'une victoire éphémère ? Utilisez plutôt vos points forts, c'est-à-dire votre réactivité et votre assurance, pour faire preuve de calme et de maîtrise de vous.

→ Vous avez blessé ou provoqué une personne ? Apprenez à l'assumer et à vous excuser. Reconnaissez votre tendance aux réparties cinglantes. Si vous avez agi par colère, expliquez vos raisons, mais sans toutefois justifier votre comportement.

→ Entraînez-vous à être plus réfléchi et plus prudent. Imaginez-vous dans certaines situations et couchez sur le papier, chez vous à tête reposée, ce qui s'est exactement passé, et comment vous avez réagi. Quel genre de victoire avez-vous remporté ? Quelles en seront les possibles conséquences ? Auriez-vous pu réagir autrement ?

→ Le fait de parler beaucoup peut n'être qu'un simple système de défense. Certaines personnes tiennent ainsi les autres à distance, et leur font comprendre qu'il est inutile de chercher à se mesurer à elles ou à les remettre en question. Soyez honnête avec vous-même : s'agit-il d'un manque de confiance en vous et d'une façon de vous protéger ? Pourquoi avez-vous l'impression de devoir vous comporter ainsi au lieu d'aller vers les autres avec un esprit constructif et positif ?

L'envie d'avoir le sens de la répartie

Afin de mettre en œuvre à bon escient votre « projet d'améliorer votre sens de la répartie », il faut commencer par définir clairement vos motivations. D'elles en effet dépend ce que vous devez travailler.

Quand on demande aux gens pour quelles raisons ils souhaitent améliorer leur sens de la répartie, les réponses sont très diverses. On peut grosso modo les classer dans deux catégories, d'une part les motivations apparentes, et d'autre part les motivations profondes.

LES MOTIVATIONS APPARENTES peuvent être, par exemple :

- J'aimerais impressionner les autres.
- Je voudrais montrer aux autres les limites à ne pas dépasser avec moi.
- J'aimerais être capable d'agir avec calme en toutes circonstances.
- Je veux que l'on me trouve intelligent, sans préjugés et amusant.

LES MOTIVATIONS PROFONDES peuvent être, par exemple :

- J'ai besoin de sentir qu'on me respecte.
- Je ne veux pas me sentir en situation d'infériorité.
- Rester serein au fond de moi serait une bonne chose.
- Il ne faut pas que je me laisse envahir par mes émotions.

Quand on parle de sens de la répartie, il s'agit généralement de motivations apparentes, et donc des méthodes qui permettent de l'acquérir.

C'est naturellement important et justifié, mais insuffisant. En effet, ce n'est pas parce que vous parviendrez à cacher habilement votre sensibilité que vous n'en souffrirez plus. Une répartie bien trouvée qui vous vaut l'admiration des personnes présentes n'y changera rien.

Soyez honnête avec vous-même : qu'est-ce qu'un meilleur sens de la répartie peut réellement vous apporter ? Voulez-vous impressionner l'assistance par des traits d'esprit mordants ? Ou bien rêvez-vous d'un développement personnel qui vous permette de vous sortir de situations délicates avec calme et assurance ? En la circonstance, un sens de la répartie négatif ne peut rien vous apporter.

Quels objectifs aimeriez-vous atteindre ?

Quels sont vos objectifs apparents ?

Quels sont vos objectifs profonds ?

Comment aimeriez-vous, vu de l'extérieur, avoir l'air de gérer les situations délicates ?

Comment aimeriez-vous vivre les situations délicates au fond de vous ?

Le fait de déterminer exactement comment vous souhaiteriez vous sentir et vous comporter lorsque vous êtes confronté à une situation délicate est très important. Premièrement, parce que vous pouvez commencer à faire un travail sur vous-même pour atteindre votre objectif. Deuxièmement, parce que le fait d'avoir les idées claires vous permet de garder votre sang-froid. Si vous voulez par exemple travailler à conserver votre calme dans les situations difficiles, et si vous intériorisez cet objectif, il deviendra, avec le temps, une espèce de « fond sonore ». Cette petite voix vous aidera à rester plus facilement maître de la situation. Des objectifs d'ordre général et aussi imprécis que « améliorer mon sens de la répartie » ne sauraient vous rendre le même service.

1

Qu'est-ce qui vous laisse interdit ?

Faites-vous partie de ces gens qui, lorsqu'ils sont en difficulté, ne peuvent émettre un seul son ? Qui ensuite se creusent la tête sur ce qu'ils auraient pu répondre ? Et qui trouvent après coup les réparties pertinentes ? Pour éviter d'être décontenancé et rester en possession de tous ses moyens, on conseille souvent de mémoriser des réponses toutes faites adaptées à différentes situations et de s'entraîner à les utiliser jusqu'à ce qu'elles deviennent automatiques, afin de surmonter tout blocage psychologique. Mais il vaut beaucoup mieux traiter le problème, à savoir le blocage lui-même. Remontez à la source du mal au lieu de soigner les symptômes. Lorsque ce sont les émotions qui prennent le dessus et qui paralysent la pensée rationnelle, les mécanismes suivants sont en action :

- automatismes innés (mécanisme de défense ou de fuite),
- notions acquises (par exemple : on ne doit pas se laisser marcher sur les pieds !),
- sa propre histoire et ses expériences personnelles,
- ses propres convictions, profondément ancrées.

Dès que votre cerveau perçoit une situation comme embarrassante, délicate, voire dangereuse, il déclenche une alarme, et votre organisme bascule automatiquement en position de défense ou de fuite, ce qui signifie que tout raisonnement logique est abandonné pour laisser place aux réflexes.

Le fait de rester muet, est une forme de fuite. Mais le déclenchement de ce mécanisme et son intensité dépendent beaucoup de votre état d'esprit, de vos attentes et de votre jugement – et ceux-là, vous pouvez les modifier. Voilà pourquoi il vous faut aller chercher les raisons de vos blocages.

Qu'est-ce qui vous fait perdre vos moyens ?

Il est de nombreuses situations dans lesquelles vous vous dites, avec un profond soupir, « Si seulement j'avais la répartie plus facile ! » : un regard dévalorisant ou hostile, une remarque, un reproche ou une humiliation, un manque de courtoisie (lorsque des individus vous passent devant dans une queue, ne vous remercient pas, ne vous saluent pas, etc.), les bons conseils que vous n'avez pas demandés, l'omniscience de certains donneurs de leçons, ou enfin, la malchance. Vous voulez entreprendre un travail rationnel sur votre sens de la répartie ? Alors établissez-vous un programme :

1. Couchez noir sur blanc les situations dans lesquelles vous perdez facilement vos moyens.
2. Faites-en une liste, par ordre croissant, des situations les moins pénibles aux plus pénibles.
3. Réfléchissez aux craintes ou expériences malheureuses qui peuvent se cacher derrière.
4. Mettez-vous en situation (en vous aidant des conseils proposés dans le présent ouvrage).
5. Commencez par des situations faciles à gérer et augmentez peu à peu la difficulté.

La question essentielle pour le moment n'est pas de savoir comment vous y prendre pour réagir vite et intelligemment, mais de comprendre pourquoi ces événements prennent une telle ampleur dans votre cerveau qu'ils y déclenchent une sonnette d'alarme et vous laissent sans voix.

EXERCICE

À quels moments vous retrouvez-vous sans voix ?

Dans quelles situations précises ne parvenez-vous plus à émettre un son ?

____

____

Triez vos réponses en fonction du degré de difficulté (du plus faible au plus élevé).

____

____

Que cachent vos blocages ?

Lorsque vous êtes incapable d'émettre un son, c'est parce que vous vous sentez en échec. Essayez de découvrir comment vous percevez la situation et comment, par conséquent, vous vous sentez. Considérez-vous une remarque à votre encontre comme une impertinence, et cela vous met-il hors de vous ? Avez-vous l'impression d'être déconsidéré, et de ce fait avez-vous peur ? Réfléchissez au pourquoi de la chose. Il est possible que ces modèles de pensée et de comportement vous aient été transmis par d'autres, ou que vous en ayez pris l'habitude, sans être conscient des répercussions qu'ils peuvent avoir. S'il ne s'agit que d'une « simple » habitude, vous pouvez y remédier en remettant en question vos pensées négatives et en les remplaçant petit à petit par d'autres plus constructives. En revanche, si derrière tout cela se cachent de vieilles blessures qui sont constamment rouvertes, il vaudrait mieux à l'évidence que vous vous fassiez aider par un psychothérapeute.

Des blocages peuvent être déclenchés par exemple par :

- la peur des critiques ou de ses supérieurs,
- le manque d'assurance et le sentiment d'infériorité,
- la conviction de ne pas être à la hauteur en cas de conflit, et d'être toujours perdant,
- l'attente permanente de loyauté et d'empathie de la part des autres,
- une exigence abusive envers soi-même.

EXERCICE

Comment jauger les situations difficiles

Munissez-vous de votre liste de situations difficiles et demandez-vous pour chacune :

- Comment la percevez-vous ?

____

____

- Quels sentiments vous envahissent ?

____

____

- Qu'est-ce que cela pourrait cacher ?

____

____

Vérifiez votre disposition d'esprit

Votre disposition d'esprit joue un rôle clé dans la façon dont vous vous tirez de situations difficiles. Le fait de considérer une situation comme négative et déplaisante suffit à faire perdre contenance et empêche de réagir à bon escient. Le fait d'interpréter la moindre réflexion comme une attaque vous met sous pression et provoque en vous une réaction de panique. La bonne nouvelle, c'est qu'une disposition d'esprit peut se modifier. Observez-la à la loupe :

1 QUE PENSEZ-VOUS DES INDIVIDUS QUI VOUS AGRESSENT ?

Si vous pensez qu'ils sont néfastes, arrogants, irrespectueux et j'en passe, ou si vous êtes persuadé qu'on veut vous provoquer, il vous sera certainement difficile de ne pas vous placer en victime et de garder votre calme.

Pour votre bien, perdez l'habitude de classer les « agresseurs » dans des catégories négatives. Partez plutôt du principe que tout comportement a ses raisons, et que vous n'êtes pas nécessairement en cause. Les gens peuvent par exemple être sous pression, tristes ou encore chercher à évacuer leur stress.

2 QU'ATTENDEZ-VOUS DES AUTRES ?

Des attentes irréalistes sont néfastes ! Si vous êtes persuadé par exemple que tout le monde doit toujours être aimable avec vous, et que personne n'a le droit de vous traiter d'une façon qui vous soit désagréable, vous finirez tôt ou tard par être confronté à un réveil douloureux.

3 QU'ATTENDEZ-VOUS DE VOUS-MÊME ?

Peut-être que ce que vous attendez de vous-même vous met sous pression et vous paralyse, ce qui est le cas si vous exigez de vous-même de toujours réagir calmement en situation difficile, ou d'avoir la bonne répartie au bord des lèvres en toute occasion.

La disposition d'esprit la plus efficace et la plus réaliste est la suivante : les situations difficiles et désagréables font partie de la vie. Personne n'est parfait, ni vous, ni les autres. Et toutes les intentions ne sont pas malignes, même celles qui en ont l'air !

La confiance en soi, profonde et apparente

La force intérieure et une authentique confiance en soi constituent les meilleures conditions pour être réactif au sens positif du terme. Vous pouvez faire sur vous le travail suivant :

- Concentrez-vous sur vos qualités. Cela vous permettra de vous libérer plus facilement de l'opinion des autres dans l'évaluation de votre propre valeur. Apprenez à tirer les leçons de vos erreurs (→ page 94).
- Allez souvent vers les autres et entretenez les liens. Plus vous vous intéressez aux autres, mieux vous vous estimerez et comprendrez comment réussir. Vous en tirerez assez de confiance en vous pour vous exprimer ouvertement en cas de besoin.
- Travaillez votre aptitude à communiquer, et ce, à tout moment dans la vie de tous les jours, pas uniquement en cas de difficultés ! L'idéal pour s'entraîner est le papotage anodin (→ page 45).
- Apprenez à vous méfier de vos émotions et à y réagir. Le fait de mettre en relief votre propre contexte émotionnel peut vous aider dans les situations difficiles.
- Qu'en est-il des apparences ? Arrangez-vous pour être bien dans votre peau, sinon vous consacrerez tous vos efforts à vous donner l'air sûr de vous.
- Penchez-vous sur vos fréquentations. Êtes-vous apprécié et soutenu, obtenez-vous un retour positif, mais également une critique constructive ? Prenez vos distances avec les individus qui vous donnent le sentiment de ne pas être à la hauteur.

7 conseils pour acquérir plus d'aisance

1 Adoptez une vision réaliste de l'être humain et évitez d'en attendre trop. Tout le monde peut se tromper et avoir un comportement déplacé. Partant de là, on attache moins d'importance à la moindre parole, et on reste plus serein.

2 Comprenez qu'il n'est pas nécessaire d'être décontracté et spirituel pour se faire entendre et respecter. Optez pour le type de réactivité qui vous convient et qui fait ressortir vos qualités personnelles. Vous pouvez très bien ne pas répondre à une attaque en faisant mine de l'ignorer.

3 Dès que vous prenez conscience que le trac vous paralyse, concentrez-vous sur votre corps et respirez profondément et régulièrement. De cette façon, vous retrouverez le calme.

4 Gardez toujours bien à l'esprit que tout ce que vous percevez est subjectif. Une même situation est vécue complètement différemment selon les individus.

5 Attachez moins d'importance à vos émotions. En revanche, entraînez-vous à en prendre conscience clairement et commentez-les (« Ah ah, mon estomac se contracte et la colère monte ! »). Continuez d'observer votre mode de fonctionnement, et vous verrez que les émotions les plus intenses sont aussi éphémères que les autres.

6 En cas de problème, fixez-vous comme objectif de vous concentrer sur les solutions. Cela détend et est excellent pour les rapports humains.

7 Considérez les situations pénibles comme des défis et comme une occasion d'améliorer votre sens de la répartie par la pratique.

Comment fixer des limites

Quand quelqu'un désire améliorer son sens de la répartie, c'est souvent pour fixer les limites que son interlocuteur ne doit pas franchir. Il est de toute évidence très important pour votre bien-être et votre confiance en vous que vous vous protégiez et établissiez des limites claires : de préférence dès le départ, sans ambiguïté, mais avec tact. Vous arrive-t-il souvent de vous sentir stressé et étouffé par les autres ? Par des collègues, par exemple, qui ont souvent et naturellement recours à votre aide, ou par votre partenaire qui déverse régulièrement sur vous ses frustrations professionnelles ? Commencez par réfléchir sur vous et votre propre comportement : avez-vous parlé aux personnes concernées et leur avez-vous dit que leur comportement vous posait un problème ? Ou bien avez-vous renoncé à la conversation nécessaire, simplement parce que vous estimez qu'elle ne servirait à rien, ou parce que vous avez peur de contrarier votre interlocuteur ?

Ne pas craindre l'affrontement

Personne n'est jamais très enthousiaste à l'idée d'une dispute. Chacun hésite à mettre sur le tapis les sujets épineux : par crainte d'être blessé ou de blesser, de devoir se justifier ou de n'être plus aimé. Mais ce n'est qu'en jouant cartes sur table que l'on a une chance de clarifier une situation (et par conséquent de se rapprocher de l'objectif que l'on s'est fixé). Et à long terme, c'est un moyen d'éviter les frustrations et les discordes.

L'idée que vous vous faites de l'affrontement est tout aussi importante. Veillez à être dans une disposition d'esprit constructive et loyale, qui pourrait se traduire ainsi :

CONSEIL

Une position claire

→ Il doit être clair dans votre tête que vous avez le droit de fixer des limites, et de le dire sans ambiguïté. Ce n'est qu'à partir du moment où vous serez intimement convaincu que vos besoins et vos désirs sont légitimes que vous deviendrez sûr de vous, et que vous montrerez du courage face à une difficulté. Si vous ne prenez pas vos besoins suffisamment au sérieux ou si vous allez même jusqu'à vous juger (mesquin, borné, voire intolérant), vous ne serez pas très convaincant : peu importent vos facultés de persuasion.

1

→ L'affrontement est une occasion d'améliorer quelque chose et de trouver des solutions collectives.

→ Je ne suis pas un fanatique des conflits, mais au besoin je sais comment m'y prendre.

→ Mon interlocuteur est un être humain qui perçoit les choses de son point de vue, exactement comme moi.

Ces réflexions vous permettent d'aller vers l'autre en étant moins inquiet et avec beaucoup plus d'assurance. Et aussi de rester maître de vous et parfaitement calme face à la tourmente.

Les choses pourraient donc se présenter ainsi : vous faites quelques propositions sur la façon dont votre collaboration pourrait être améliorée, et on vous rétorque : « C'est absolument inapplicable ! ». Si vous êtes sûr de vous, vous n'êtes pas décontenancé. Vous pouvez oublier les retours de manivelles « subtils » appris par cœur, du genre : « Vous dormiez, et l'essentiel vous a visiblement échappé ! »

Au contraire, vous prenez une profonde inspiration et, en restant parfaitement courtois, vous fixez les limites à ne pas franchir : « Je n'ai pas de problème avec les objections, en revanche je n'apprécie guère l'obstruction systématique ! Si vous voulez bien me parler normalement, je m'entretiendrai très volontiers avec vous.

Que voulez-vous donc dire exactement ? »
L'autre possibilité serait de s'en sortir par une pirouette spirituelle (« Oh là là, j'ai dû dire quelque chose qui ne vous a pas plu du tout ») et d'essayer d'avoir ensuite une conversation en tête à tête.

Fixer des limites – gentiment, mais fermement

Mieux vaut faire connaître le plus tôt possible les limites qui ne doivent pas être franchies, et ce que l'on attend des autres. Cela permet de prévenir les malentendus et d'éviter les conflits, les autres sachant où ils en sont avec vous. Cela implique :

ÉCOUTE ET FRANC PARLER, PLUTÔT QUE REPROCHES ET CULPABILISATION : « Je sais que nous avons beaucoup de travail, mais il m'est impossible de rester plus tard aujourd'hui. Nous devons trouver une autre solution », au lieu de : « J'avais pourtant bien dit que j'avais des projets pour aujourd'hui. Ce n'est vraiment pas sympa ! »

MENTION ET JUSTIFICATION DE SA DÉCISION, PLUTÔT QUE GÉMISSEMENTS : « Salut tout le monde, je ne me sens pas très bien aujourd'hui, j'ai besoin d'être un peu seul. Alors je vous laisse », au lieu de : « Maintenant il va falloir que je vienne avec vous, et je me sens tellement patraque ! »

DÉCLARATION DE SES IMPRESSIONS ET OPINIONS PERSONNELLES, PLUTÔT QUE MAUVAISE HUMEUR : « Je ne suis pas très content que tu aies pris ce livre. Tu peux l'emprunter sans problème, mais j'aimerais être prévenu. La prochaine fois pense à m'en parler ! », au lieu de « Bon sang, tu m'as encore pris un livre. C'est tout toi, ça ! »

DEMANDE D'AIDE, PLUTÔT QU'ORDRES ET MENACES : « J'aimerais que… », « Pourrais-tu m'aider ? », « Comment vois-tu les choses ? », au lieu de « Si tu ne fais pas ça… »

Il faut parfois un peu de persévérance. Si vous constatez que certaines personnes continuent de ne pas respecter vos limites, ne vous découragez pas, revenez sans relâche sur le problème, cherchez ce que cela cache, et expliquez votre point de vue. Si vous êtes déterminé, vous avez toutes les chances de réussir.

CONSEIL

N'attendez pas !

→ Quand vous vous apercevez que quelqu'un dépasse les bornes : ne remettez pas une explication à plus tard (« On verra bien, les choses vont peut-être changer »). N'attendez pas que la pression monte trop, vous finiriez par exploser !

Établir des limites en cas de besoin

Pour rester capable d'agir dans les situations difficiles, il est souvent intéressant de signaler sans ambages les limites à ne pas dépasser. Il existe, en la matière, plusieurs options :

COUPER COURT À LA CONVERSATION

« Non, je ne discute pas avec vous dans ces conditions ! » ; « Désolé, mais tant que tu seras aussi acerbe, il n'est pas question que je poursuive cette conversation ! »

REMETTRE LA CONVERSATION À PLUS TARD

« Je ne peux pas continuer comme ça. Je repasserai plus tard, nous pourrons convenir d'un autre rendez-vous » ; « Je suis absolument furieux et ne voudrais surtout pas que quelque chose m'échappe que je regretterais. Je préfère m'en aller » ; « Les choses sont mal parties, on se parle sans s'écouter. Je propose que l'on se revoie plus tard. »

S'ACCORDER UN DÉLAI

« Ce sont là des considérations de taille ! Je n'ai rien à répondre pour le moment, il faut que j'y réfléchisse. »

ALLER DROIT AU BUT

« Stop, maintenant nous allons parler de… Ne changez pas de sujet, s'il vous plaît ! » ; « Je ne suis pas d'accord. Ça ne peut pas durer. Ça ne va pas. »

Analyser rapidement toute situation

Pour être en mesure de réagir de façon pertinente et non épidermique dans les situations délicates, il faut éviter de se focaliser sur la meilleure répartie possible, au risque de se mettre encore davantage sous pression. Il vaut bien mieux conserver son calme et commencer par cerner le problème dans sa globalité.

D'UN SEUL COUP D'ŒIL

Contre le stress : une démarche en trois temps

Concentrez-vous sur vous-même pour vous débarrasser le plus possible des tensions intérieures et de vos appréhensions. Les trois mesures suivantes vont vous y aider :

→ Prenez conscience de la pression qui vous assaille et des émotions intenses qui entrent en jeu. Analysez votre état d'esprit (« Attention, je suis sur la défensive... ») et bloquez tout (« Stop ! »). Comptez intérieurement jusqu'à dix, tout doucement sans rien faire d'autre.

→ Respirez profondément et calmement. Reportez toute votre attention sur votre respiration, et apaisez votre corps en inspirant très profondément. Concentrez-vous surtout sur l'expiration. Laissez l'air s'échapper doucement et sous contrôle.

→ Aidez-vous vous-même. Ne laissez pas libre cours à vos pensées, reprenez vos esprits (« Ressaisis-toi ! »). Reprenez-vous en mains (« Je suis beaucoup plus calme. Je vais y arriver ! »).

Dès que vous avez les idées plus claires, essayez de cerner le problème : de quoi s'agit-il ? Entraînez-vous à répondre à ces questions, vous parviendrez alors plus facilement à y penser et à les mettre en œuvre en cas de problème.

1 QUEL EST LE PROBLÈME ? Exemple : dans un grand magasin, vous demandez à la vendeuse de vous apporter la taille au-dessus. Il n'y en a plus et elle vous répond laconiquement : « Il va falloir maigrir ! »

2 QUI EST IMPLIQUÉ/PRÉSENT ? Une amie censée vous aider à choisir.

3 QUELLE RELATION ENTRETENEZ-VOUS AVEC « LA PROVOCATRICE » ? Aucune. Mais vous pouvez être amenée à la revoir si vous voulez rester cliente du magasin.

4 QU'EST-CE QUE VOUS EN PENSEZ ? La vendeuse a du toupet et vous trouve trop grosse.

5 QUEL EST VOTRE OBJECTIF ? Vous ne voulez pas vous laisser marcher sur les pieds. D'un autre côté, vous aimeriez pouvoir continuer à venir dans ce magasin, mais uniquement si elle admet être allée trop loin et vous présente ses excuses.

6 QUELLES SOLUTIONS S'OFFRENT A VOUS ?

→ Vous partez sans rien acheter. Elle perd du chiffre d'affaires.
→ Vous annoncez que vous ne remettrez plus jamais les pieds ici et que vous le ferez savoir autour de vous.
→ Vous demandez à la vendeuse de s'expliquer.
→ Vous vous plaignez à votre amie, à voix suffisamment haute pour attirer l'attention des autres clients.
→ Vous demandez à voir un responsable.
→ Vous décidez d'envoyer un courrier de réclamation.

7 QUELLE EST, DU POINT DE VUE STRATÉGIQUE, L'ATTITUDE LA PLUS PERTINENTE ? Si vous voulez continuer à fréquenter ce magasin, plusieurs solutions sont à éliminer d'emblée. Si vous passez un savon à la vendeuse, elle sera blessée et ne prêtera guère d'attention au fond de votre pensée. Il faut donc l'amener calmement à s'expliquer.

EXERCICE

La maîtrise de soi pas à pas

Quand aimeriez-vous faire preuve de sens de la répartie ?

- Dans quelles situations ?

- Vis-à-vis de quelles personnes ?

- Dans quel but aimeriez-vous avoir le sens de la répartie ?

Réexaminez encore une fois les caractéristiques du sens de la répartie positif et négatif (→ page 5) et déterminez les stratégies les plus judicieuses pour vous.

Comment maîtrisez-vous la question des limites à fixer ?

- Comment réagissez-vous pour le moment, quand quelqu'un dépasse les bornes ?

- Justifiez vos réponses : pourquoi en est-il ainsi ?

Comment aimeriez-vous réagir à l'avenir quand quelqu'un dépasse les bornes ?

Vos blocages

En faisant l'exercice de la page 15, vous avez identifié les situations qui provoquent chez vous un blocage. Grâce à l'exercice de la page 16, vous avez trouvé ce qui se cache derrière ces blocages et ce qu'ils réveillent en vous.

Revenez encore sur vos réponses :

Qu'est-ce qui vous bloque, et comment aimeriez-vous travailler là-dessus ?

Attention : il se dégage souvent de tous ces blocages un thème central (par exemple la peur d'être en position de soumission aux autres). Si vous trouvez ce genre de dénominateur commun, vous pouvez travailler le fond du problème, et pas simplement son résultat en surface.

Qu'aimeriez-vous faire ?

Vous avez pris connaissance d'un certain nombre de possibilités qui vous permettent de rester maître de vous dans les situations délicates et de cerner le problème en gardant la tête froide (→ page 19).

Quelles techniques voulez-vous travailler pour garder votre calme, ou le retrouver rapidement ?

1

Travailler son sens de la répartie

2

→ Pour améliorer votre sens de la répartie, il est important de peaufiner votre présence d'esprit, votre capacité d'adaptation et votre aisance verbale. Il ne faut donc pas vous contenter de travailler votre sens de la répartie proprement dit, mais votre aptitude générale à la conversation. C'est parfaitement faisable dans la vie de tous les jours, un cadre idéal pour votre entraînement !

Aiguiser sa curiosité et son ouverture d'esprit

Le meilleur moyen de se sentir plus à l'aise en société, de ne pas perdre facilement son sang-froid et de participer aux conversations, c'est de faire preuve de soif de connaissances et d'ouverture d'esprit. C'est précisément quand ils sont en posture délicate que la plupart des individus font le contraire de ce qu'ils devraient : ils se referment sur eux-mêmes et se mettent à l'écart. Cette réaction de défense est soi-disant innée, mais fortement imprégnée des préjugés et ressentis personnels.
Lorsqu'à propos d'une collègue en colère, la seule réflexion qui vous vienne à l'esprit est : « Qu'est-ce qu'elle a encore cette folle à faire l'intéressante ! », il vous est probablement très difficile de garder votre calme et de réagir vite et à bon escient.
Il vaut la peine de manifester de l'intérêt pour les autres et de se montrer captivé et avide d'apprendre. Ce qui veut dire que :

- Vous percez à jour vos propres préjugés et prenez conscience de la façon dont ils vous bloquent.
- Vous les éliminez un à un pour les remplacer par des pensées plus positives (« Je ne peux pas savoir ce que cela cache vraiment. Mais j'aimerais le découvrir ! »).
- Vous ne perdez pas de vue que vous ne percevez toute situation que de votre propre point de vue, mais que les choses pourraient être tout autres. L'attitude la plus fructueuse à l'égard des autres pourrait se traduire de la façon suivante : « Ah ah, intéressant. Je ne comprends pas/pour l'instant je n'aime pas ça/ça me met en colère… c'est justement pourquoi il faut que j'en sache davantage. » Si vous comptez en toute occasion apprendre quelque chose de nouveau ou d'intéressant, du moins si vous l'estimez possible, vous restez réceptif.

S'intéresser au point de vue des autres

En vous intéressant aux avis et points de vue des autres, et en le faisant volontairement, vous en profitez vous-même parce que :

- Vous apprenez à mieux les connaître et renforcez vos relations.
- Vous avez des conversations moins superficielles et plus satisfaisantes.
- Vous découvrez d'autres points de vue et d'autres raisonnements et élargissez ainsi votre horizon.
- Vous comprenez le mode de pensée de votre interlocuteur, ce qui peut vous permettre de trouver des points d'ancrage pour l'amener de votre côté. Il n'est pas question d'abandonner toutes vos convictions ni d'être d'accord avec tout sans sourciller !

EXERCICE

Être à l'écoute des autres de manière active

Remettez en question, pour une fois et à dessein, vos propres convictions, afin d'exercer votre souplesse et votre ouverture d'esprit ! Choisissez un certain nombre de thèmes au sujet desquels vous avez une opinion bien arrêtée et de bons arguments et :

- essayez sciemment d'engager la conversation avec quelqu'un qui ne partage pas votre avis (votre compagnon ou un collègue par exemple),
- lisez des articles ou des ouvrages qui véhiculent une autre opinion, voire une opinion contraire.

Le seul but de l'opération est de s'ouvrir aux avis divergents et d'aller au fond de choses, au lieu de se bloquer ou de perdre contenance.
Il ne faut pas fuir lorsque d'autres parlent de sujets sur lesquels vous n'êtes pas du tout du même avis. Écoutez et essayez de comprendre l'état d'esprit et le mode de raisonnement de vos interlocuteurs. Cela peut être très intéressant sur le fond, et de surcroît vous aider à vous entraîner dans le calme et en toute décontraction –
même si vous n'êtes absolument pas d'accord.
Certes, il est très difficile de rester désireux d'enrichir ses connaissances et ouvert, quand on entend des choses que l'on considère tout bonnement comme inadmissibles. Néanmoins prenez-vous par la main, respirez profondément et calmement et évitez les remarques désobligeantes comme : « C'est complètement faux/inouï/à côté de la plaque. J'espère que tu ne parles pas sérieusement ! » Au lieu de vous contenter de rejeter ce qui a été dit, vous pouvez manifester votre intérêt et demander : « Pourquoi dis-tu ça ? », « Qu'est-ce qui vous fait dire ça ? », ou encore « Que veux-tu dire exactement ? ». Vous transformerez alors une position inconfortable en un exercice concret d'entraînement à la conversation positive.

Écouter attentivement, et le montrer

Quand on parle de sens de la répartie, la plupart des gens voient une personne qui, grâce à son aisance verbale, n'est jamais prise au dépourvu, mais ce n'en est qu'une des facettes. Il est aussi important qu'elle soit prête à être à l'écoute des autres et à tisser un lien avec eux, et en mesure de le faire. Ce sont les conditions indispensables à l'instauration d'un climat qui écarte les malentendus et détend l'atmosphère.
Profitez de toutes les occasions qui vous sont données tous les jours de prêter une oreille attentive aux autres – à votre ami(e), votre collègue

ou vos clients. Vous serez étonné de constater à quel point ces conversations seront plus intéressantes et plus vivantes ! Et plus vous pratiquerez, plus vous garderez facilement votre sang-froid.

Écouter avec attention, cela signifie que :

- Vous regardez votre interlocuteur en face.
- Par votre attitude, vous signalez que vous êtes de plain-pied dans l'entretien (en acquiesçant par un hochement de tête, en interrogeant du regard ou en souriant).
- Vous posez des questions. Quand quelque chose ne vous paraît pas clair, si vous voulez en savoir plus ou ne vous satisfaites pas de généralités, insistez.
- Vous résumez ce que vous avez compris. S'il s'agit d'un sujet que vous ne maîtrisez pas bien ou si votre interlocuteur parle beaucoup et vite, vous pouvez gagner un temps précieux en résumant son propos (« Si je comprends bien, vous voulez dire que… c'est bien ça ? »), et vous permettre de vous ressaisir.
- Vous pouvez aussi dire que vous avez besoin de réfléchir. Si vous sentez que les déclarations de votre interlocuteur vous agacent, cela vous permet quand même de lui montrer que vous êtes une oreille attentive. Dites que vous allez vous pencher sur la question et que vous en reparlerez volontiers une autre fois.

« Conversations de bistrot »

Vous arrive-t-il d'être entraîné dans des « conversations de bistrot » ou d'être confronté à des lieux communs ? Vous savez alors certainement ce que c'est que de se sentir heurté ou irrité au point de ne plus pouvoir mettre de l'ordre dans ses idées et, par conséquent, de réagir avec agressivité ou d'abandonner la partie. C'est dommage. Servez-vous au contraire de ce genre d'occasions pour vous entraîner à mieux comprendre vos réactions profondes et néanmoins continuer d'échanger efficacement et avec calme.

Plus vous jugerez sévèrement les généralités exprimées, plus il vous sera difficile de garder votre calme dans ce genre de circonstances et de continuer votre conversation en toute décontraction.

Vous vous faites à vous-même une faveur si vous partez du principe que les conversations de bistrot ne sont généralement pas malintentionnées. Les participants n'ont pas vraiment réfléchi. Cette indulgence vous aide à garder votre calme. Et ce n'est qu'à cette condition que vous aurez une chance de les amener à changer d'avis.

Pour amener quelqu'un à réfléchir, vous pouvez :

→ POSER DES QUESTIONS : « Qu'est-ce qui vous semble aussi effrayant là-dedans ? » ; « À quoi cela tient-il d'après toi ? »

→ DÉMONTER LA VALIDITÉ DE L'ASSERTION : « Quelle est votre propre expérience en la matière ? » ; « Combien de fois cela t'est-il arrivé ? » ; « Quelles sont les chances que cela se produise ? »

CONSEIL

Prendre en compte les ressentis et les impressions

→ Un bon moyen de relancer la conversation – surtout quand votre interlocuteur est très irrité – serait une remarque comme : « Vous avez dû faire des expériences éprouvantes. On sent encore l'effroi dans vos paroles. » Manifester de l'empathie peut être une bonne entrée en matière. Quand vous connaissez bien une personne et êtes en bons termes avec elle, vous pouvez vous permettre plus de familiarité, comme : « Je n'aurais jamais pensé que vous puissiez avoir une telle opinion. Vous avez habituellement un avis beaucoup plus nuancé. Comment cela se fait-il ? »

- **VÉRIFIER LA LOGIQUE ET METTRE EN ÉVIDENCE LES CONTRADICTIONS** : « Vous avez dit auparavant que… et maintenant vous dites que… Je ne comprends pas, c'est contradictoire. Non ? »
- **SOLLICITER UN AUTRE ANGLE DE VUE** : « Je comprends ce que vous voulez dire, mais qu'en pense votre collègue ? À votre avis, comment voit-il les choses ? »
- **INVOQUER SON EXPÉRIENCE PERSONNELLE POUR AIDER QUELQU'UN À NUANCER SON AVIS** : « Je sais, pour avoir déjà participé à plusieurs projets de ce type, que tout est beaucoup plus complexe qu'il n'y paraît vu de l'extérieur. Par exemple… »
- **NE PAS CHANGER DE SUJET** : Ne vous laissez pas embarquer sur des chemins de traverse, et ramenez la conversation au sujet du débat : « Non, non, nous sommes en train de nous éloigner du sujet. Nous reparlerons de cela plus tard, pourquoi… »
- **QUAND VOUS NE SOUHAITEZ PAS VOUS EXPRIMER, LE DIRE OUVERTEMENT** : Quand vous ne voulez, ou ne pouvez rien dire, parce que vous considérez ne pas maîtriser le sujet, dites-le ouvertement. De cette façon, les choses seront claires, et vous ne pourrez pas vous laisser séduire par une opinion que vous risqueriez de regretter après coup. Et qui sait – peut-être que votre réserve conduira votre interlocuteur à reconsidérer sa position !

Faire semblant de ne pas entendre

Ne vous laissez pas impressionner par des phrases comme « Il ne faut pas se laisser marcher sur les pieds ! » Il peut être très judicieux de faire semblant de ne pas entendre ou de ne pas voir quelque chose – et de cette façon, d'étouffer un conflit dans l'œuf. Peu importe qu'il s'agisse d'une remarque désobligeante, d'une interruption grossière ou d'un regard méprisant : se montrer large d'esprit et ne pas relever vous aide à garder votre calme. Il vous est ensuite plus facile de revenir sur le fond du problème proprement dit.

EXERCICE

Ignorer sciemment certaines remarques

Choisissez une personne, par exemple votre meilleure amie, et décidez d'ignorer ses réflexions provocantes. Est-ce que le fait qu'elle règle souvent les choses après coup par un « Tu vois, je te l'avais bien dit ! » vous agace ? Alors, la prochaine fois, prenez une profonde respiration et dites-vous intérieurement : « Elle l'a encore dit ! Mais je n'entre plus dans son jeu. Je ne mords pas à l'hameçon ! » Bien sûr, ça ne marchera pas du premier coup, mais si vous vous entraînez à chaque occasion, vous allez progresser rapidement.

Cette stratégie va vous permettre de prendre de l'assurance, parce que vous n'allez plus perdre votre calme, ni vous laisser entraîner à contre-attaquer. Avec le temps, vous serez de moins en moins susceptible. Et votre interlocuteur, qui n'entendait pas vous blesser mais avait simplement eu une mauvaise journée, vous sera reconnaissant de ne pas lui en vouloir. Et si son but était vraiment de vous contrarier, vous gardez l'avantage parce que ses attaques sont tombées à plat. Si malgré tout, la personne insiste lourdement, vous pouvez déclarer très sérieusement en vous adressant aux autres : « Je n'ai rien entendu ! » En cas de besoin, essayez d'avoir un entretien seul à seul pour lui faire comprendre qu'elle doit s'adresser à vous sur un autre ton. Pour les coups sous la ceinture, quelques conseils plus loin (→ page 101).

Prendre part aux conversations

Le fait de participer activement aux conversations et aux discussions, de donner son avis, de proposer des idées, est essentiel dans votre « projet » de perfectionnement de votre sens de la répartie. D'une part, en vous exerçant souvent, vous augmentez votre confiance en vous et vos facultés rhétoriques, et il vous sera de plus en plus facile de vous engager dans des dialogues et discussions dignes de ce nom. D'autre part, vous vous forgez ainsi la réputation d'avoir votre propre avis et de le donner.

Donner son avis

Il est important de percevoir son avis pour ce qu'il est : une opinion parmi beaucoup d'autres. Pour que vos réflexions, vos idées et vos propositions soient accueillies favorablement par les autres, il est impératif de les exprimer clairement, mais sans arrogance ni obstination. Si vous désirez être davantage perçu comme une personne ayant un avis, voici comment vous y prendre :

PRENEZ CONSCIENCE DE VOS OPINIONS : Réfléchissez aux sujets qui reviennent tout le temps sur le tapis au bureau et à ce qui circule dans les médias : que savez-vous sur ces sujets ? Quelle est votre position ? Pourquoi êtes-vous de cet avis ? Cela va vous permettre d'avoir les idées claires. En effet, en sachant d'où vous vient votre position, vous pouvez plus facilement la justifier en cas de besoin.

DONNEZ VOTRE AVIS AU COURS D'UNE CONVERSATION AMICALE : Commencez modestement : s'il vous a été jusqu'à présent pénible d'exprimer votre opinion, exercez-vous d'abord avec vos amis ou des collègues avec lesquels vous vous sentez bien. Ou encore, commencez par des sujets que vous maîtrisez correctement.

GARDEZ VOTRE CALME : Quand vous recevez des conseils bien intentionnés, ou quand quelqu'un cherche à vous convaincre de quelque chose, ne soyez pas pris à l'improviste, sans pour autant l'ignorer complètement. Écoutez attentivement, réfléchissez-y, forgez-vous votre propre opinion et indiquez-la. Montrez clairement que vous avez le plus grand respect pour le point de vue de votre interlocuteur, mais donnez le vôtre, sans ambiguïté et en toute amitié : « Je comprends ce que vous voulez dire, mais je préfère quand même m'y prendre de cette façon, parce que… » ; « Merci pour votre conseil, mais je… » La conversation reste néanmoins courtoise et franche.

RESPECTEZ L'OPINION DES AUTRES : Même lorsque vous n'êtes pas du tout d'accord avec eux. Autrement, il y a de fortes chances pour que vous ne tombiez pas sur des oreilles très attentives lorsque vous émettrez vous-même des points de vue, des idées et des propositions.

SURVEILLEZ AUTANT VOS PAROLES QUE VOTRE GESTUELLE : (→ page 65) et évitez :

- les paroles qui stigmatisent et déprécient (comme rien à voir, insensé, stupide),
- les étiquettes généralisatrices et les expressions cyniques (cassantes, misogynes, dépassées),
- de hausser les sourcils, de bâiller d'ennui, de regarder ostensiblement ailleurs, de tripoter des objets.

Tenir un langage clair

Veiller à ce que votre langage soit clair et sans ambiguïté pour que votre point de vue, vos attentes et vos désirs ne soient pas mal interprétés par votre interlocuteur. Quand on tourne autour du pot, que l'on n'en vient pas au fait ou que l'on ne s'engage pas clairement, on ouvre un boulevard aux malentendus et on rend la communication plus difficile.

2

De plus, ce genre d'interlocuteur risque de passer pour faible, confus et sans conviction, de sorte que les autres ne savent pas où ils en sont avec lui. Cela peut provoquer de l'agacement, et, dans le pire des cas, rendre l'atmosphère difficilement respirable.

Communiquer de façon claire et sans ambiguïté suppose :

→ **QUE VOUS DISIEZ CE QUE VOUS AVEZ À DIRE OUVERTEMENT**

« Voici ce que je pense sur le sujet… » ; « Merci de toujours penser à éteindre la lumière en sortant des toilettes » ; « Tu as oublié de me dire que… »

→ **QUE VOUS VOUS EXPRIMIEZ À LA PREMIÈRE PERSONNE**

« Je pense que… » ; « D'après ma propre expérience, je peux dire que… » ; « Il est important pour moi qu'à l'avenir… » ; « J'aimerais beaucoup que nous parlions ensemble de notre collaboration. »

→ **QUE VOUS INDIQUIEZ CE QUE VOUS ATTENDEZ ET ESPÉREZ PERSONNELLEMENT**

« Il faut que j'aie bouclé ce projet d'ici la semaine prochaine, et j'ai absolument besoin d'aide » ; « Tu peux naturellement te servir de mon ordinateur à tout moment quand tu en as besoin, mais je tiens à ce que tu m'en parles avant. » Quelle que soit l'information que vous avez à transmettre, vous y parviendrez d'autant mieux si vous ne vous contentez pas de délivrer votre message, mais si vous manifestez de l'intérêt pour les préoccupations et avis des autres, et les invitez au dialogue. Une fois que vous avez exprimé votre préoccupation de façon claire, cherchez à savoir comment elle a été perçue par votre interlocuteur. Par exemple : « Qu'en penses-tu ? », « Vous comprenez ce que je veux dire ou voyez-vous les choses différemment ? » « Que penses-tu de mes propositions ? Es-tu d'accord ? »

CONSEIL

Parler ouvertement

→ Vous verrez que la plupart des individus réagissent de manière positive et adoptent le même ton quand on leur parle franchement, sans détours et en toute sympathie. Cela permet d'éviter bien des situations délicates. Alors, la prochaine fois que vous aurez quelque chose à dire, n'ayez pas peur !

Exprimer ses doutes et ses critiques

Attendez-vous aussi des autres que, de leur côté, ils vous parlent franchement et vous signalent quand quelque chose ne va pas ? Et cela vous est-il pénible de devoir signaler quelque chose de désagréable à quelqu'un, ou de lui exprimer des critiques ?
Il vaut la peine dans ces cas-là de faire un effort sur soi et de chercher le dialogue. Si vous avez une attitude constructive et si vous approchez les gens avec tact, tout le monde y gagne.
Même si c'est difficile, partez du principe que ce n'est pas par malignité ou par sottise que quelqu'un a dit ou fait quelque chose qui vous déplaît, mais parce qu'il le considère comme correct ou qu'il n'a pas (encore) trouvé d'autre solution. Vous pourrez prendre la situation en mains et la régler beaucoup plus facilement.
Il arrive que quelqu'un ait tout simplement un comportement que l'on ne trouve pas correct et que l'on en soit perturbé. Il est inutile de faire comme si de rien n'était et d'espérer que les choses s'arrangent, ou de remettre la personne à sa place. La seule chose qui ait une chance de réussir, et qui peut vous apporter beaucoup personnellement, c'est une conversation franche, répondant aux conditions suivantes :

→ **ÊTRE MOTIVÉ**

Si vous voulez éviter le conflit et vous rapprocher de votre objectif, il ne faut pas culpabiliser votre interlocuteur, le discréditer, voire exercer une contrainte sur lui. Tout est plus simple si vous avez pour but d'entamer un vrai dialogue et d'infléchir ensemble le cours des choses dans le sens d'une amélioration.

→ **NE PAS TROP ATTENDRE !**

Plus on le laisse mijoter, plus le problème grossit et plus on a de mal à se décider à le traiter. Rendez-vous service à vous-même et réagissez avant d'être submergé par le stress.

→ **BIEN SE PRÉPARER**
Réfléchissez avant à ce qui vous contrarie exactement : quelles sont vos attentes et quel est votre objectif ?

→ **RECHERCHER LE DIALOGUE**
Allez vers l'autre et dites-lui que vous souhaitez lui parler seul à seul. Dites-lui que vous voulez parler de quelque chose de très important pour vous et que vous avez besoin d'aide.

→ **METTRE CARTES SUR TABLE**
Évitez de tomber dans le registre émotionnel. Exposez le problème objectivement : « Depuis deux jours tu ne m'aides que si je te le demande, alors que nous étions convenus de nous entraider de manière automatique. »

→ **EXPRIMER SES SENTIMENTS**
Exprimer ce que vous ressentez en utilisant la première personne : « Je suis contrarié parce que je suis en retard dans mon travail, et je suis frustré parce que notre collaboration ne fonctionne pas correctement. »

→ **EXPRIMER SES ATTENTES ET SES SOUHAITS**
Expliquez clairement ce qui vous contrarie : « Je voudrais faire du bon travail et être en bons termes avec toi, mais pour cela il faudrait d'abord que je puisse compter sur toi. »

→ **DEMANDER À L'AUTRE SON AVIS**
Il faut que vous sachiez comment l'autre voit les choses, et ce que cache son comportement : « Comment se fait-il que tu ne respectes plus notre accord ? »

→ **PRENDRE DES ENGAGEMENTS**
Amenez votre interlocuteur à vous dire ce qu'il préconise. Prenez des engagements pour que les choses se passent mieux à l'avenir.

→ **S'Y TENIR**
Il ne suffit pas de passer des accords. Il faut parfois être persévérant et revenir à la charge à plusieurs reprises.

Comment réagir à un compliment

Quand on évoque le sens de la répartie, la plupart des individus pensent spontanément à une expérience désagréable. Le fait est que même des circonstances parfaitement positives en mettent certains mal à l'aise. Tout le monde n'est pas apte à recevoir un compliment et à y réagir de façon constructive. Certains individus sont même méfiants : est-on sincère ou cherche-t-on à me manipuler ? L'affaire méritait-elle des félicitations ? Ce n'était quand même pas grand-chose ! N'est-ce pas juste un moyen de détendre l'atmosphère ? Ne serait-ce pas qu'une approche pour me demander un immense service ?

Qu'une chose soit digne d'éloges, c'est celui qui complimente qui en décide. Il va de soi que la règle de trois n'a rien de compliqué pour un ingénieur, en revanche pour quelqu'un qui ne comprend rien aux mathématiques, ce peut être un exploit impressionnant qui mérite d'être relevé. Naturellement un compliment a plus ou moins de valeur selon l'importance que vous accordez à votre interlocuteur et à l'affaire concernée. Mais d'une façon générale, laissez aux autres le soin de choisir ce qu'ils trouvent louable ou pas.

Ceux qui sont mal à l'aise devant les compliments sont souvent interloqués et réagissent avec maladresse :

- Ils sont muets, rougissent, se sentent gênés et/ou passent leur chemin sans répondre quand on leur fait un compliment.
- Ils répondent par une formule toute faite : « Je vous en prie, il n'y a vraiment pas de quoi. »
- Ils réduisent le propos et se dévalorisent eux-mêmes : « Pas de quoi en faire un plat ! » ; « C'est normal, c'est mon travail ! »
- Ils récusent tout compliment (d'un regard sceptique ou d'un revers de main).

La façon dont vous recevez les réactions positives n'agit pas seulement sur votre estime de soi et votre image, mais également sur votre rapport

8 conseils pour savoir réagir aux compliments

1 Partez du principe qu'un compliment est toujours sincère, même si vous n'en avez pas l'habitude !

2 Montrez que vous avez bien reçu le compliment en souriant, en hochant la tête ou en disant que vous en êtes ravi (dans la mesure où c'est vrai).

3 Si vous ne vous sentez pas à l'aise, dites-le ouvertement (« Merci ! Pour être franc, je ne suis pas très à l'aise avec les compliments... »). La plupart des gens comprennent et trouvent même cela sympathique.

4 N'avez-vous pas fait attention ou avez-vous sans le vouloir ignoré un compliment ? Rattrapez-vous : « Merci beaucoup, mais ce n'en valait pas la peine... Voilà que je recommence. J'ai toujours un peu de mal avec les compliments, mais vous avez parfaitement raison : les choses se sont bien passées, et je suis très heureux que ce soit votre avis ! »

5 Posez des questions pour en savoir plus : « Merci. Je suis heureux que vous soyez satisfait. Qu'est-ce qui vous a tant plu ? »

6 Ne tournez jamais un compliment en dérision, n'en faites pas une plaisanterie : « Tu es superbe aujourd'hui ! » – « Ah bon, parce que d'habitude je suis horrible ? C'est ce que tu veux dire ? » Même si votre interlocuteur le prend avec humour, vous avez dévalorisé le compliment. Il se peut qu'il soit heurté et s'abstienne à l'avenir.

7 Ne relativisez pas un compliment et ne l'annihilez pas avec des histoires. « Le vert te va bien. » – « Vraiment ? Je n'en étais pas bien certaine, parce que d'habitude cette couleur ne me va pas du tout, et je trouve ce vert menthe, qui est totalement passé de mode, absolument affreux... »

8 Abondez vous-même dans le sens des compliments : ne vous contentez pas de dire « super » ou bien « merci », mais expliquez ce qui vous semble particulièrement réussi.

à autrui, et, par voie de conséquence, sur votre malaise et le fait que souvent les mots vous manquent.
Bien entendu, il peut arriver que l'on vous flatte dans le but d'obtenir quelque chose de votre part : « Tu fais ça beaucoup mieux que moi et en un rien de temps ! » Si vous en êtes absolument certain (et pas juste dubitatif !), vous pouvez parfaitement, en toute franchise et avec un clin d'œil complice répondre : « C'est bien tenté, flatteur ! Désolé, cette fois-ci ça ne marche pas, je n'en ai ni l'envie, ni le temps ! »

S'exercer à l'art de la parole

Le sens de la répartie n'a rien à voir avec une certaine technique consistant à apprendre par cœur bons mots et répliques, il implique que l'on soit en mesure de réagir à bon escient, de façon réfléchie et avec souplesse. Il est donc important que vous consolidiez vos compétences verbales et que vous vous entraîniez au quotidien pour avoir la parole facile.

Améliorer sa facilité d'élocution

Faites-vous partie de ces gens qui disent avoir des difficultés à s'exprimer et qui de ce fait sont rarement gagnants en entretiens ? Vous pouvez y remédier ! Il vaut le coup de toute façon d'enrichir son vocabulaire et de se perfectionner dans l'art de la parole.
Pour enrichir votre vocabulaire, vous pouvez par exemple collecter des mots de même sens (synonymes) ou des mots de sens contraire (antonymes) ou encore chercher la signification exacte de mots que vous ne connaissez pas. Prenez l'habitude d'ajouter de nouvelles expressions à votre vocabulaire courant.

Constituez-vous un recueil personnel de citations. Les livres, les journaux, les films, les émissions de radio ou encore les conversations des autres sont de véritables mines en la matière. L'idéal est que vous ayez toujours de quoi écrire sous la main pour pouvoir noter les mots ou les expressions qui vous frappent.
Vous pouvez également vous entraîner en lisant des textes que vous raconterez ensuite à quelqu'un, ou en adhérant à un club de discussion.

Associations d'idées et jeux de mots

Les jeux de mots représentent une bonne façon de faire travailler son cerveau et de stimuler sa propre inventivité. Non seulement c'est amusant, mais cela permet de devenir et de rester souple, même en position critique. Vous pouvez également vous remémorer des événements plaisants et les glisser dans la conversation dès que l'occasion se présente :
Choisissez une expression ou un événement et réfléchissez à ce que cela évoque pour vous. Par exemple : un collègue a trop mangé à la cantine et s'exclame : « Je ne pourrai plus jamais rien avaler ! »

QUESTIONS	IDÉES
Qui, dans mon entourage, me vient à l'esprit à ce propos?	Mon ex-petit ami qui après un repas raté m'a dit : « S'il te plaît, ne fais plus jamais la cuisine ! »
Qu'est-ce que cela me rappelle ?	Cette épouvantable eau-de-vie hongroise avec laquelle j'ai cru ne plus pouvoir reprendre mon souffle.
Quelle expression ou quelle plaisanterie conviendrait en l'occurrence ?	Un couple regarde un documentaire animalier. Elle : « Chéri, tu ne trouves pas que les rongeurs sont stupides et voraces ? » Lui : « Oui, mon lapin. »
Dans quel film ou dans quel livre y a-t-il quelque chose de semblable ?	*Le sens de la vie,* un film des Monty-Python dans lequel quelqu'un a tant mangé qu'il explose au sens propre.

Les jeux de lettres sont un véritable sport cérébral : ils font travailler les cellules grises et exercent la rapidité de réaction :

- **EXERCICES DE LECTURE** : Lire les mots en commençant par la fin ou bien déplacer les lettres.
- **QU'EST-CE QUI RIME AVEC ?** : Trouver le plus de mots possible, sans abandonner tout de suite. « Feu », par exemple, rime avec adieu, aveu, bleu, camaïeu, enjeu, lieu…
- **ANAGRAMMES TOTALES OU PARTIELLES** (composer d'autres mots avec les lettres d'un mot de départ). Avec « répartie », par exemple, on peut former : repaître, étripera, prêterai, repérait, piratée, râperie, rapière…
- **ÉTABLIR LA LISTE DES VERBES CORRESPONDANT À UN SUBSTANTIF** : Pour « projet » par exemple, ce pourrait être participer, réaliser, investir, échouer, initier, démarrer, lancer, pousser, s'occuper de, collaborer, coordonner, exécuter…

Tous ces exercices peuvent se faire à plusieurs sous forme de jeu. Ils conviennent tout aussi parfaitement pour effectuer, seul, de la gymnastique cérébrale, pendant un voyage en avion, dans des embouteillages, ou en attendant quelqu'un.

Parler de choses et d'autres devient facile

Parler de la pluie et du beau temps est l'un des exercices les plus simples à mettre en œuvre pour s'entraîner à la parole facile et à une bonne vivacité d'esprit, puisque ce ne sont pas les occasions qui manquent tout au long de la journée – que ce soit avec les voisins ou les collègues des autres services.

FAITES L'EFFORT D'ÊTRE MOINS RIGIDE

Ce que vous pensez de ce genre de conversation influe naturellement sur votre attitude : quand on considère que parler de la pluie et du beau temps n'est qu'un « bavardage superficiel », on se prive de la possibilité de rencontrer des gens intéressants et d'exercer ses facultés de communication.

AYEZ CONFIANCE EN VOUS

Parler de tout et de rien ne nécessite pas des qualités exceptionnelles ! Tout le monde est capable d'échanger quelques mots avec d'autres personnes. Et soyez sans crainte : la plupart des gens le font très volontiers.

SOYEZ AIMABLE ET D'UN ABORD FACILE

Vous n'avez pas toujours à faire le premier pas. Si vous avez l'air aimable, vous montrez que vous êtes ouvert. C'est souvent suffisant pour que l'on vous adresse la parole.

PRENEZ L'INITIATIVE

Si vous voulez engager vous-même la conversation, trouvez des sujets concrets et anodins. Vous pouvez parler du temps, de l'ascenseur qui se fait attendre, ou de la discussion interminable de la veille.

CHANGEZ DE SUJET

Il s'agit, en tout premier lieu, dans ce genre de conversation, d'échanger quelques mots en restant détendu, en aucun cas d'entreprendre un débat épuisant à gérer. Avant de vous lancer dans une conversation à bâtons rompus sur le temps qu'il faisait hier, ou qu'il fera demain, choisissez un autre sujet susceptible de vous plaire à tous les deux. Ce n'est possible que si vous vous intéressez à votre interlocuteur !

RÉPONDEZ DE FAÇON PLUS CIRCONSTANCIÉE

Quand quelqu'un vous adresse la parole, ne jouez pas au jeu des questions-réponses. Les réponses laconiques sont lourdes et fatigantes. Quand on vous demande si vous connaissez quelqu'un à cette exposition, vous pouvez répondre « non ». La conversation est close. En revanche, si vous répondez : « Hélas, non ! Pour être franc je suis un peu perdu quand je viens seul à ce genre de manifestation, mais étant graphiste à mon compte, c'est toujours pour moi l'occasion de nouer des relations. Et vous ? », votre interlocuteur en apprend un peu sur vous, ce qui va lui permettre de se raccrocher à plusieurs sujets.

ÉCOUTEZ ATTENTIVEMENT

Utilisez ces échanges brefs pour exercer votre capacité d'écoute : restez concentré sur votre entretien et montrez-le par votre gestuelle, en hochant la tête et en regardant votre interlocuteur en face.

SAISISSEZ LA BALLE AU BOND ET POSEZ DES QUESTIONS

Entretenez la conversation en la relançant lorsque vous ne comprenez pas quelque chose ou en posant des questions lorsque vous voulez en savoir plus. N'interrogez que si vous éprouvez vraiment de l'intérêt !

LORSQUE QUELQUE CHOSE VOUS INTÉRESSE PARTICULIÈREMENT, DITES-LE

Votre interlocuteur évoque-t-il quelque chose d'important ou d'intéressant à vos yeux ? Sautez sur l'occasion pour relancer la conversation : « Vous avez dit que vous aviez beaucoup lu sur X. Quel livre me conseilleriez-vous pour commencer ? »

IMPLIQUEZ-VOUS

Ne vous contentez pas d'écouter, mais montrez-vous accessible en donnant votre avis ou en racontant une expérience que vous avez faite, en rapport avec le sujet de la conversation.

Pratiquer l'humour avec talent

La plupart des gens rêvent de rester détendus quand ils sont en difficulté. La décontraction dépend en fait de la conception que l'on a de la vie : si vous gardez toute la journée le sourire aux lèvres et si même dans les moments stressants vous voyez le côté plaisant des choses, vous êtes beaucoup plus détendu et moins susceptible de vous retrouver en position inconfortable. Et le cas échéant, une bonne dose d'humour est littéralement le remède miracle pour pallier tout risque d'aphonie.

Il ne s'agit pas en l'occurrence de faire le clown ni de faire contre mauvaise fortune bon cœur, mais chaque individu peut trouver le type d'humour qui correspond à sa personnalité.

L'humour permet :

- d'être plus calme avec les autres,
- de retrouver ses moyens plus vite,
- de détendre l'atmosphère en situation épineuse et stressante,
- lorsqu'on reste interdit, de se débarrasser de ses blocages et de réagir,
- de remettre quelqu'un à sa place clairement, mais poliment.

Rire de soi

Le comédien Michael Herbig (*Astérix aux Jeux olympiques*) dit de lui-même : « Je me rends compte que je dois être un petit marrant parce qu'il m'arrive la nuit d'être réveillé par mon propre rire. »

Et vous ? Vous arrive-t-il d'être réveillé par votre rire ? Faites-vous partie de ces gens qui plusieurs fois par jour doivent réprimer une envie de rire – juste parce que vous pensez à quelque chose de bizarre ou parce qu'une idée amusante vous traverse l'esprit ? Formidable !

Dans le cas contraire, prenez honnêtement conscience du nombre de fois où vous pourriez rire dans une journée et ne laissez échapper aucune occasion :

- Vous coincez votre talon aiguille au milieu du trottoir dans une grille.
- Votre langue fourche et vous dites : « Avec lui il faut toujours faire attention de ne pas empiéter sur son tiroir ! »
- Au restaurant, vous réglez l'addition de 15 € avec un billet de 10, et vous ajoutez magnanime « Gardez la monnaie ! ».

Savourez pleinement ce genre de situations et riez-en aux éclats !

C'est excellent aussi pour le moral : il se peut que sur le moment vous soyez vexé – mais en y réfléchissant bien, vous saisirez à coup sûr le comique de la chose.

En outre, l'autodérision est une qualité très appréciée. Le fait de ne pas se prendre au sérieux est toujours sympathique.

L'humour comme remède antistress

Vous êtes tendu, nerveux, fébrile, et l'humour est le cadet de vos soucis. Dommage, parce que c'est justement ce qui pourrait vous rendre le meilleur service en détendant immédiatement l'atmosphère. Mode d'emploi :

TACTIQUE	MODE D'EMPLOI
Faites-vous une grimace	Il vous suffit de disposer d'un miroir et de vous isoler. Et maintenant faites-vous une grimace immonde. Vous allez éclater de rire sans le vouloir. Ça marche à tous les coups ! Même si vous n'y êtes pas du tout disposé.
Décrivez votre état d'âme en forçant le trait	Répondez à la question « Comment allez-vous ? » par « Je ne ris plus que nerveusement et je me demande comment j'y arrive. À part ça tout va bien ! »
Engagez quelqu'un de votre entourage comme ambassadeur du rire	Demandez à quelqu'un de VOUS REMONTER LE MORAL ICI ET MAINTENANT. Peut-être avez-vous un(e) collègue qui sait raconter des histoires ou faire des imitations. Ou bien établissez un rituel que vous accomplirez chaque fois que vous aurez besoin de quelqu'un qui aime rire.
Tenez votre arme miracle toujours prête	Il existe certainement une blague ou une image qui vous fait toujours rire. Sortez la carte qui va à coup sûr actionner vos zygomatiques.

Même l'humour s'apprend. Réfléchissez aux situations épineuses dont vous aimeriez vous sortir avec un zeste d'humour, et imaginez différents scénarios.

Voici quelques trucs à essayer :

EXAGÉRER

Reprenez le commentaire et confirmez-le en exagérant bien : « Exactement ! Et j'ai même… ! » ou encore « Tu n'as pas idée. C'était bien pire ! »

RÉPONDRE AVEC UNE POINTE D'IRONIE

- En cas de remarque discourtoise : « Le tact a toujours été ton fort ! »
- Après une remontrance froide : « Bien sûr. C'est demandé si gentiment, je ne peux pas refuser ! »
- En cas de jugement à l'emporte-pièce : « Merci pour cet avis nuancé ! »

RETOURNER LES RÉFLEXIONS STUPIDES

La réflexion : « Ces fleurs pour un anniversaire, c'est tellement petit-bourgeois ! »

La réponse : « Heureusement que vous le dites, je voulais justement vous en offrir. Je serais tombé totalement à côté de la plaque ! » ; ou « Je comprends mieux pourquoi mes petits bouquets sont toujours méprisés. Merci ! Que me conseillez-vous en tant qu'experte ? »

RÉAGIR AVEC EXAGÉRATION ET COMME UN ENFANT

Cela nécessite quelque talent de comédien :

- Si vous remarquez que votre interlocuteur vous regarde d'un air furieux : cachez votre visage derrière vos mains et dites « Ne me frappe pas ! »
- Levez la main comme à l'école ou claquez fébrilement des doigts : « Je peux dire quelque chose ? »
- L'air apeuré, levez les mains en l'air et dites « Je me rends. »

S'ADRESSER À UNE PERSONNE FICTIVE

Tournez-vous vers une personne fictive et dites quelque chose comme « Vous savez, il est vraiment gentil ! »

ÉNONCER UN DICTON, UN JEU DE MOTS, UNE CITATION OU UNE DEVINETTE

- « Ce qui ne nous tue pas nous rend plus fort » ; ou

« Les chanceux sont ceux qui arrivent à tout, les malchanceux sont ceux à qui tout arrive. »

- Ouvrez de grands yeux.
- Frappez-vous le front d'un geste théâtral.
- Tapez-vous sur l'épaule de manière démonstrative.

Vous n'aimez pas les blagues ? Passez outre et apprenez-en tout de même une bonne par cœur. Vous verrez : le plus drôle, ce n'est pas la blague en elle-même. Si vous prenez plaisir à la raconter et si vous vous amusez bien vous-même, une remarque qui n'est pas en soi particulièrement désopilante devient amusante et piquante.

Comment font les autres ?

Certes il peut être utile de s'inspirer des trucs et stratégies de certains, mais il ne faut toutefois pas se tromper de modèle. Si vous cherchez à égaler l'éloquence d'un politicien ou l'habileté d'un présentateur, vous allez au-devant de terribles déconvenues.

Il vaut mieux observer au quotidien comment les gens se comportent quand ils sont mis en difficulté :

- Comment réagit la personne concernée ? Que dit-elle ?
- Quelle attitude adopte-t-elle ? Quelle est son expression ?
- A-t-elle l'air sûre d'elle, calme et sereine ?
- Quel message est envoyé à « l'agresseur » ?

Refus, supériorité, colère ou ouverture d'esprit ?

- Comment le message est-il reçu ? Que se passe-t-il ensuite ?

Réfléchissez à ce qui vous a particulièrement épaté dans la situation que vous avez observée, et à ce que vous aimeriez en retenir.

CONSEIL

Authenticité

→ Faites très attention de ne copier que les comportements et les idées qui correspondent à votre personnalité. Essayez de développer une sorte de flair concernant votre propre « style de répartie ».

Conservez tout de même votre esprit critique. Même si vous avez été de prime abord impressionné par le fait que quelqu'un ne se laisse pas marcher les pieds… vous allez sans doute vous rendre compte en y regardant de plus près, que cette « victoire » n'a pas été obtenue sans dégâts, ni sans blessure d'amour-propre.

De toute façon, même les exemples négatifs sont riches d'enseignement. Lorsque vous assistez à une escalade, demandez-vous comment les choses en sont venues là, et évitez de reproduire la même erreur !

Demander conseil à son entourage

Connaissez-vous quelqu'un qui a la parole facile et qui en impose, tout en restant toujours objectif et constructif ? Prenez contact avec lui pour parler de l'aisance verbale et glaner quelques conseils. Lorsqu'il vous arrive ponctuellement d'avoir besoin d'un avis ou d'un conseil, cherchez dans votre entourage familial, relationnel ou professionnel. Vous pouvez peut-être même vous adresser à votre supérieur hiérarchique ou à tout autre membre de l'encadrement de votre entreprise. Réfléchissez bien avant de choisir la personne vers qui vous tourner, celle dont vous pouvez vraiment vous inspirer et qui va vous aider à vous aider vous-même.

Votre travail sur votre sens de la répartie sera vraiment sérieux si vous participez à des séminaires, ateliers ou conseils personnalisés proposés par les professionnels. Toutefois, si vous avez un problème d'anxiété profonde et de grave manque de confiance en vous, vous devriez envisager l'éventualité de recourir à une psychothérapie.

Apprendre grâce aux médias

La télévision, le cinéma, la presse, les livres… sont une véritable mine en matière de sens de la répartie.

Les émissions de télévision font de plus en plus appel au talent d'improvisation. Rapidité de réaction, jeux de mots et mises en situation peuvent vous inspirer. Encore mieux : inscrivez-vous à un cours d'improvisation théâtrale pour vous impliquer vous-même dans des situations imprévisibles en compagnie d'autres personnes. Vous y prendrez beaucoup de plaisir et vous débarrasserez très vite de votre sensation de malaise et de votre manque d'assurance.

Les films et les séries regorgent de personnages dont on envie la facilité d'élocution et l'aura sympathique : toujours le bon mot à la bouche, spirituel sans jamais perdre son calme… mais ne soyez pas dupe ! Cette apparente spontanéité est le fruit d'un dur labeur. La plupart du temps, l'humour et le sens de l'à-propos en situation sont le résultat d'une mûre réflexion.

Soyez réaliste et ne comptez pas devenir en un rien de temps un prodige de la répartie, comme au cinéma. En revanche vous pouvez parfaitement vous inspirer de certains personnages – et pourquoi pas reprendre à votre compte telle ou telle réplique.

Vous rappelez-vous cette série américaine des années soixante-dix intitulée *Colombo* ? Regardez-en de nouveau quelques épisodes, à la télévision ou sur un DVD. Ce commissaire est un exemple parfait quand il s'agit de garder son calme et de traiter avec respect ses contemporains les moins amènes.

Il ne dérape jamais, même lorsque ses interlocuteurs manifestent clairement leur mauvaise humeur ou leur mépris. C'est parce qu'il connaît parfaitement ses points forts et ses points faibles, qu'il fait abstraction du regard des autres, et qu'il ne dévalorise jamais ses adversaires.

Peur du ridicule ?

Certains individus font des efforts surhumains pour masquer leurs défauts ou leurs faiblesses, et vivent dans l'angoisse permanente de commettre une maladresse. Quand cela arrive, ils se retrouvent en grande difficulté. À ces moments-là, leur vœu le plus cher serait d'être capable de réagir en toute décontraction et avec humour. Quand on sait se sortir d'une situation pénible avec calme, on impressionne beaucoup plus les autres qu'en ne faisant jamais la moindre erreur. La vie est beaucoup plus facile quand on n'a plus peur du ridicule. Il suffit tout simplement, lorsque vous vous retrouvez dans une situation délicate, de vous rendre compte que vos craintes sont démesurées au regard de cette situation.

EXERCICE

Qu'est-ce qui vous embarrasse ?

- Écrivez dans quel cas vous vous sentez ridicule. Qu'est-ce qui vous met le plus dans l'embarras ? Et ce qui vous est désagréable sans être trop grave ? Si vous êtes capable de reconnaître clairement ce que vous ressentez, les choses perdent leur caractère effrayant, et vous savez ce sur quoi vous devez travailler.
- Commencez le programme de « désensibilisation aux situations embarrassantes » : mettez-vous sciemment en situation inconfortable, en commençant toutefois par celles qui vous semblent les moins pénibles.

Cela vous effraie-t-il d'attirer les regards ? Alors sortez faire vos courses avec des chaussures dépareillées ou avec un chapeau bizarre. Demandez à quelqu'un de votre entourage, une amie par exemple, de vous accompagner : on se sent toujours plus sûr de soi quand on n'est pas seul. Vous pouvez également opter pour le port de lunettes de soleil : cela peut paraître stupide, mais c'est très efficace parce qu'on se sent à l'abri et on est beaucoup plus à l'aise !
S'il vous arrive d'être blessé parce que vous ignoriez quelque chose, faites entre amis des jeux d'acquisition de connaissances. Entraînez-vous à avouer honnêtement « Je n'en ai pas la moindre idée », et prenez même parfois le risque de répondre une sottise.

Se tirer d'affaire grâce à une pirouette pleine d'esprit

Essayez donc de vous moquer de vous-même pour dédramatiser les situations embarrassantes. Lorsqu'une remarque stupide vous échappe, que vous renversez quelque chose ou que pendant une présentation vous faites tomber vos documents, vous pouvez, en pratiquant l'autodérision calmement, d'abord vous rendre service à vous-même et ensuite marquer des points vis-à-vis des autres.
Exemples :

- « Et voilà comment le grand champion a encore réussi son coup ! »
- « Cela m'arrive souvent, mais cette fois-ci c'est le pompon ! »
- « Ah ! ah ! Essayez donc d'en faire autant ! »

Vous pouvez aussi recourir à la technique des bandes dessinées. Essayez pour voir, de mimer quelqu'un qui « pleurniche », qui « geint », qui a l'air « lamentable » ou émettez des onomatopées comme « grrrr ! », « aaahhh ! » ou « humpf ! ». Si vous les choisissez bien en fonction des situations en y ajoutant un ton, un regard et une gestuelle comiques, vous détendrez l'atmosphère.

Utilisez le langage du corps :
- en mettant par exemple vos mains devant votre visage dans un geste théâtral et en regardant l'assistance entre vos doigts,
- en inclinant la tête avec une expression de chien battu,
- en faisant ostensiblement comme si de rien n'était, et en demandant innocemment « Pourquoi me regardez-vous ainsi ? il y a un problème ? ».

Tout cela fonctionne à merveille si vous êtes clair avec vous-même, autrement dit si vous n'avez pas envie de disparaître dans un trou de souris, ou si vous ne bouillez pas de colère contre vous. Ce calme intérieur s'acquiert.

Pour commencer, soyez plus souple et plus indulgent à l'égard de vous-même dès le prochain petit incident. Ne vous crispez pas et évitez (à haute voix ou non) de vous faire un commentaire du style « Seigneur, ce que je peux être maladroit ! J'ai vraiment deux mains gauches ! ». Marquez un temps d'arrêt, respirez profondément plusieurs fois, reprenez vos esprits et dites-vous quelque chose de réconfortant ou de drôle comme : « Il faut quand même être sacrément adroit, pour envoyer cette tasse avec une telle dextérité de là-haut jusqu'au sol ! » Exercez-vous à commenter vos petites mésaventures avec humour et indulgence. Vous ne tarderez pas à vous rendre compte de l'effet bénéfique de cette méthode sur votre tension intérieure.

Et, s'il arrive que quelque chose soit tout simplement pénible, dites-le tranquillement : « Que c'est pénible ! », ou bien « Si je pouvais disparaître sous terre ! ». Et tenez-vous en là. N'ouvrez pas la vanne des pensées parasites.

Qu'y a-t-il de drôle là-dedans ?

Même s'il est rare que l'on soit intentionnellement montré du doigt, certaines situations sont ambiguës : on se paie la tête de quelqu'un ?

Quand on a l'impression que certaines personnes se moquent d'une autre, on est mal à l'aise.

EXERCICE

Apprendre à connaître ses propres sentiments

Comment vous sentez-vous quand on se moque de vous ?

- ○ Déstabilisé
- ○ Triste
- ○ Furieux
- ○ Dépité
- ○ Blessé
- ○ Sans voix
- ○ Très sûr de vous
- ○ Agressif

Votre réaction est la suivante :

- ○ Je n'ai qu'à m'en prendre à moi-même
- ○ Je rétorque par un mot d'esprit
- ○ Je suis rancunier
- ○ Je songe à ma vengeance
- ○ Je pleure
- ○ Je rougis
- ○ Je m'en vais
- ○ Je riposte
- ○ Je médis dans le dos des autres
- ○ Je m'adresse à la personne

Examinez vos réponses et réfléchissez : votre réaction vous satisfait-elle ? Écrivez ce que vous aimeriez changer.

____

____

____

On se retrouve à nouveau dans le registre de la confiance en soi et de l'interprétation : moins vous êtes sûr de vous, plus vous prendrez un ricanement pour vous, même s'il n'a en fait aucun rapport avec vous. Vous êtes sur le qui-vive quand vous imaginez que quelqu'un s'amuse à vos dépens. Vous avez l'impression que votre interlocuteur se moque de vous – par des réflexions acerbes, un ton ironique ou une expression sur son visage : ne vous mettez pas tout de suite sur la défensive. Peut-être avez-vous mal interprété ses intentions. Posez-lui plutôt carrément la question : « Vous vous moquez de moi ? », ou encore : « J'ai l'impression que vous ne me prenez pas au sérieux. » Si à cet instant précis vous ne vous sentez pas du tout sûr de vous, et n'avez pas le courage d'être direct, vous tirerez certainement avantage à analyser la situation de façon constructive. Attendez d'avoir retrouvé votre calme et prenez le temps d'y réfléchir à tête reposée.

→ Comment se présentait exactement la situation ?
→ Pourquoi avais-je l'impression que l'on se moquait de moi ?
→ Comment les choses m'apparaissent-elles avec le recul (une plaisanterie anodine ou une atteinte personnelle) ?
→ Comment en suis-je certain ?
→ Comment me suis-je senti sur le moment ?
→ Quel comportement ai-je adopté ?
→ Qu'est-ce que j'aurais aimé ou pu dire pour régler le problème ?

N'ayez pas peur de rougir !

La peur de rougir peut être un sérieux handicap à l'ouverture aux autres. Nombreux sont ceux qui préfèrent s'éclipser, surtout si la situation devient intime. Dommage, ils perdent toute chance d'un échange positif. Vous trouverez sur la page suivante quelques conseils pour relativiser le problème du rougissement.

1 PRENEZ LA CHOSE MOINS AU TRAGIQUE

Lorsque quelqu'un rougit, c'est beaucoup moins important aux yeux des autres qu'à ceux de la personne concernée. Cela peut même paraître très sympathique et montrer que l'on est plein de vie.

2 CHERCHEZ À REPÉRER LES DÉCLENCHEURS

Le rougissement est, certes, une réaction physique automatique, mais il est déclenché, voire renforcé, par des idées et des convictions personnelles. Si vous prenez mal un incident, une erreur ou une réflexion, et si vous en avez honte, vous rougissez. Plus vous prendrez les choses à la légère moins cela vous arrivera. Prenez conscience des idées qui vous bloquent et débarrassez-vous en peu à peu.

3 PROVOQUEZ LE ROUGISSEMENT

Cela peut paraître paradoxal, mais c'est très utile : imaginez-vous dans une situation inconfortable et prenez la décision de rougir. Est-ce que ça marche ? Entraînez-vous jusqu'à en faire une habitude.

4 PARLEZ-EN

Si vous prenez les devants et commentez le fait que vous rougissiez, vous décrispez l'atmosphère, non seulement pour vous-même, mais aussi pour les autres. Dites simplement quelque chose comme « Je dois être rouge comme une tomate maintenant ! », ou posez vos mains sur vos joues en vous exclamant : « J'ai le visage en feu ! ».

5 NE CRAIGNEZ PAS LES COMMENTAIRES

« La voilà qui rougit ! » ; « Es-tu vexée pour rougir à ce point ? » Souvent, ce sont moins les joues en feu que les réflexions des autres qui sont pénibles. Commencez par essayer d'ignorer les commentaires ou d'y répondre simplement par un « Oui, c'est exact ». Si ce sont toujours les mêmes personnes qui vous taquinent, dites-leur franchement que cela vous indispose.

Vous êtes resté sans voix ?

Même si vous travaillez activement à améliorer votre sens de la répartie et votre sang-froid, il peut toujours arriver que mis en difficulté, vous perdiez vos moyens et restiez sans voix. Revers et échecs sont inhérents à tout processus d'apprentissage : les comportements profondément ancrés ne se modifient que progressivement. De plus, votre réaction dépend beaucoup de votre disposition du moment et du type de situation à laquelle vous êtes confronté.

Il est parfaitement humain et tout à fait normal d'être déçu et furieux après un nouveau « dérapage ». Mais il est impératif d'éviter de s'en vouloir indéfiniment, et de cesser au plus vite de se culpabiliser. Acceptez calmement vos pensées et vos impressions négatives (« D'accord, je suis franchement déçu de moi-même ! »). Mais n'en restez pas là, réfléchissez plutôt à ce que vous auriez pu dire, sans commentaire amer du genre « Si seulement j'avais dit… ! » ; au contraire, prenez le bon côté des choses : « Il faut que j'y travaille ! ». De cette façon, vous ne vous dépréciez pas, mais vous vous reconstruisez. Peut-être que ça n'a pas marché cette fois-ci, mais vous ferez certainement mieux la prochaine fois.

L'analyse est la meilleure des préparations

Une fois que vous avez pris suffisamment de distance avec un incident, passez à son analyse. Si vous voulez en tirer des enseignements, vous devez y réfléchir sérieusement. Vous aurez ainsi l'occasion, avec le recul, d'élucider encore quelque chose : « Hier j'ai tout simplement battu en retraite parce que j'ai été vraiment affecté et très contrarié. Mais maintenant, j'aimerais en parler. »

PASSEZ EN REVUE CE QUI S'EST PRODUIT EXACTEMENT
Quels étaient les protagonistes ? De quoi s'agissait-il sur le fond ? Comment est-ce venu sur le tapis ?

FAITES LA LUMIÈRE SUR VOTRE PROPRE PARTICIPATION
Qu'avez-vous pensé et ressenti ? Comment avez-vous réagi ?

PRENEZ CONSCIENCE DU MOINDRE PROGRÈS
Même en cas d'échec : vous avez certainement progressé, peut-être vous êtes-vous par exemple senti moins crispé, moins furieux contre vous-même. Une réaction intéressante a pu vous traverser l'esprit sans que vous la formuliez ? Prenez acte de ces avancées et servez-vous en pour vous motiver.

VÉRIFIEZ LE BIEN FONDÉ DE LA PRÉTENDUE BONNE RÉPONSE
« Voilà ce que j'aurais dû répondre ! ». Il n'est pas rare que la meilleure réponse ne vienne à l'esprit qu'a posteriori. Ne vous focalisez pas dessus, réfléchissez plutôt : aurait-elle été vraiment adaptée ?

VOTRE SILENCE A-T-IL PRÉSENTÉ UN AVANTAGE ?
Regardez pour une fois votre réaction d'un point de vue positif. Il est possible que se taire n'ait pas été l'attitude la plus courageuse, mais c'était peut-être la plus raisonnable si votre interlocuteur était très remonté, et si une réflexion supplémentaire risquait de jeter de l'huile sur le feu. Plus vous analyserez en profondeur la situation et votre réaction personnelle, plus vous en tirerez des enseignements pratiques instructifs. Réfléchissez bien :

QUELLE AUTRE ATTITUDE AURIEZ-VOUS PU ADOPTER ?
Envisagez plusieurs possibilités et réfléchissez sérieusement aux conséquences qu'elles auraient pu avoir, dans le meilleur et dans le pire des cas.

COMMENT AURIEZ-VOUS AIMÉ RÉAGIR ?
Avec le recul, quelle est la réaction qui aurait été la plus judicieuse ?

QU'EST-CE QUE VOUS AIMERIEZ FAIRE AUTREMENT À L'AVENIR ?
Couchez vos objectifs sur le papier et travaillez-y !

EXERCICE

L'art de la **répartie** pas à pas

Vous avez appris les multiples façons de vous montrer positif, ouvert et souple à l'occasion d'une conversation. Comment vous évaluez-vous dans les « domaines » suivants ?

- ○ Intérêt pour l'opinion des autres
- ○ Conscience de vos sentiments et de vos impressions
- ○ Respect du point de vue des autres
- ○ Aptitude à critiquer et à être critiqué
- ○ Capacité d'écoute (et aptitude à le montrer)
- ○ Aptitude à exprimer une opinion personnelle
- ○ Aptitude à recevoir et à faire des compliments

Ces différents points vous inquiètent-ils à des degrés divers ? D'après vous, comment vous en sortez-vous ? Quels sont ceux qui mériteraient d'être améliorés ?

Où en êtes-vous en matière d'humour ?

Qu'aimeriez-vous essayer pour être moins rigide et rire plus facilement (seul et en société) ?

Comment voudriez-vous travailler votre « côté spirituel » pour être capable d'affronter les situations épineuses avec humour ?

Comment vous en sortez-vous dans une situation (soi-disant) embarrassante ?

- Comment réagissez-vous quand vous essuyez un échec ou quand vous pensez que vous vous êtes ridiculisé ?

____

____

- Pour quelle raison ?

____

____

- Qu'aimeriez-vous changer (dans votre façon de penser et d'agir), pour mieux vous en sortir la prochaine fois ?

____

____

Dans quelle disposition vis-à-vis de vous-même êtes-vous après avoir une fois de plus manqué de répartie ?

- ○ J'oublie, tout simplement.
- ○ Je m'en veux.
- ○ Je rumine ce que j'aurais dû faire.
- ○ Je me demande ce qui ne va pas chez moi.
- ○ ______________________________

- Que comptez-vous faire pour être moins négatif envers vous-même et en tirer le plus d'enseignements possible ?

____

____

____

3 Tenir bon !

→ Les deux règles les plus importantes à retenir en matière de répartie sont les suivantes : avoir l'esprit vif et être positif. Rester sans voix et rentrer dans sa coquille vous donne en effet, outre le sentiment de vulnérabilité, celui de ne pas être à la hauteur de vos interlocuteurs. Ne laissez plus la situation vous échapper !

Messages sans parole

Il existe, entre deux interlocuteurs, une foule de moyens de communication non verbale : d'une part, parce que votre corps, vos mimiques et votre gestuelle parlent un langage explicite et, d'autre part, parce que le silence lui-même peut être un outil puissant et efficace. Pour fonctionner judicieusement, il ne suffit pas de réagir à ce qui vient de l'extérieur, mais avant tout de surveiller ce qui se passe à l'intérieur. Les signaux que vous envoyez, et particulièrement ceux exprimés par votre corps, influent beaucoup sur la façon dont vous êtes perçu par les autres et sur l'évolution d'une situation.

Vous connaissez certainement, vous aussi, des gens face auxquels personne n'essaierait à aucun moment de faire un esclandre, qui ne sont jamais en butte au moindre sarcasme, qui sont appréciés et d'humeur constante et positive – même en cas de problème. Observez comment ils se comportent, et l'effet qu'ils produisent sur les autres. Comparez ce type de personnalité avec celle de quelqu'un qui se sent agressé ou floué, qui manque d'assurance, ou qui, de toute évidence, déteste son interlocuteur : mimique et gestuelle le trahissent à coup sûr. Observez-vous dans la vie de tous les jours et prenez conscience de ce que vous dégagez. Que dit votre corps ?

- En temps normal : vous ne vous sentez pas en superforme et votre moral n'est pas au mieux.
- Lorsque vous vous sentez bien : l'atmosphère est agréable, votre interlocuteur vous est sympathique.
- Lorsque vous êtes dans une situation délicate : vous êtes furieux, triste ou stressé ; vous ne pouvez pas supporter la personne en face de vous ou vous vous sentez intimidé.

Consciemment ou non, quand on ne se sent pas à l'aise, cela se voit :

ON A L'AIR REVÊCHE

- Les lèvres pincées
- Les sourcils froncés
- Le front barré des rides dites « du lion »

ON SE DÉTOURNE

- On se détourne (on peut même carrément se tourner ostensiblement vers quelqu'un d'autre)
- On s'écarte en s'appuyant au dossier de son siège ou on s'éloigne de quelques pas
- On croise les bras

ON EXPRIME SA SOUMISSION

- On se recroqueville (on se fait tout petit, on arrondit le dos, épaules en avant)
- On tend les bras dans un geste d'apaisement, paume des mains vers le bas
- On refrène son dynamisme habituel et on raccourcit sensiblement ses gestes avec les mains/les bras

GESTES DE MAUVAISE HUMEUR INTENTIONNELS

- L'index sur la tempe, on traite quelqu'un de fou, ou on fait mine de ne pas être du tout intéressé
- On lève ostensiblement les yeux au ciel, ou on hoche la tête en signe de mépris

GESTES INCONSCIENTS DE MANQUE D'ASSURANCE

- On change souvent de position assise ou debout
- On gesticule fébrilement
- On tripote des objets

Le langage de votre corps influence la façon dont vos interlocuteurs se comportent avec vous. Quelqu'un qui détecte chez vous un problème de confiance en soi peut l'exploiter. Les manifestations agressives peuvent parfaitement provoquer l'animosité de votre interlocuteur.

Surveillez donc de près le langage de votre corps. Dès que vous vous apercevez, en situation délicate, qu'il envoie des signaux négatifs, modifiez vite quelque chose (en affichant une expression cordiale sur votre visage par exemple). Les signaux émis par le langage corporel doivent vous aider à interpréter correctement les remarques de votre interlocuteur et à mieux comprendre ce qui se cache derrière une situation donnée. Mettez à profit un maximum de situations de la vie courante pour perfectionner votre sens de l'observation.

EXERCICE

Qu'y a-t-il là-dessous ?

Imaginez cette situation : vous présentez à vos collègues un nouveau système de classement que vous avez développé vous-même. L'une d'elles s'exclame : « Que ferions-nous sans toi ! ». Comment interprétez-vous cette déclaration, si...

- Elle sourit en acquiesçant de la tête : elle approuve mon travail et me trouve compétent.
- Elle pince les lèvres : elle est ironique et trouve que je me prends trop au sérieux.
- Observe ses ongles :

  ____

- Hausse les sourcils :

  ____

- Fait pivoter sa chaise d'un côté puis de l'autre :

  ____

Sur le fond, ce qui est exprimé ne représente que l'un des nombreux aspects que vous devez prendre en considération pour interpréter correctement une situation. Ils sont tous reliés entre eux :

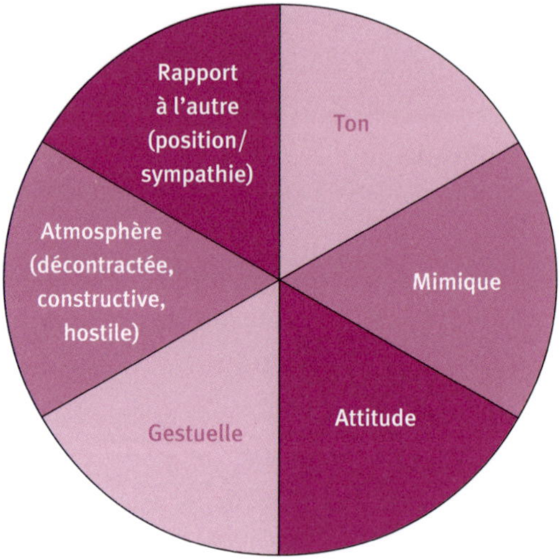

Plus vous serez capable de décrypter rapidement un maximum de ces facteurs, plus vous serez certain de pouvoir déterminer si une réflexion est dite gentiment ou avec une pointe d'ironie. Là aussi, le maître mot est l'entraînement ! Avec le temps, vous serez de plus en plus sûr de vous.

Être confronté au silence d'un interlocuteur

Ne rien dire est un moyen très efficace d'amener l'autre à s'exprimer, ou bien de lui faire sentir que l'on réprouve quelque chose, que l'on est irrité, voire que l'on a envie de lui « donner une leçon ». Mais tenez toujours compte du fait que votre interlocuteur se tait peut-être parce qu'il est stupéfait, qu'il réfléchit, ne sait pas comment commencer, ou est momentanément aux prises avec ses émotions.

5 conseils pour affronter un interlocuteur silencieux

1 Tirer profit de ce silence

Gardez le contact visuel et profitez de cette pause pour analyser la situation mentalement : que se passe-t-il ? S'agit-il d'une manœuvre tactique, ou bien s'est-il produit quelque chose qui suscite une émotion chez votre interlocuteur et le laisse muet ?

2 Montrer que l'on est prêt au dialogue

Le silence est souvent ménagé sans malignité, juste pour permettre à l'autre de s'exprimer. Avoir l'air d'attendre une réponse pousse généralement votre interlocuteur à parler ! Ne le quittez pas des yeux et ayez l'air aimable et intéressé.

3 Se montrer compréhensif

Si vous avez l'impression que votre interlocuteur est en difficulté, laissez-lui le temps de reprendre ses esprits. Au lieu de le pousser dans ses retranchements (« Je te prie de me parler maintenant ! ») ou que, vexé, il abandonne, il vaut mieux se montrer compréhensif et proposer de prendre du recul : « Je vois que vous ne voulez pas vous exprimer pour le moment. Je vous laisse donc tranquille. » Vous ferez preuve d'égards et de capacité d'empathie.

4 Déjouer les manœuvres

Si l'on cherche par un silence à vous faire sortir de votre réserve, à vous déstabiliser ou à vous donner une leçon, prenez les choses en main : soit vous rompez ce silence par des questions de fond qui vont obliger votre interlocuteur à réagir, soit vous rejetez sans ambiguïté la tentative de manipulation : « Vous taire en me regardant d'un air provocateur ne nous mènera nulle part. Dites plutôt de quoi il retourne ! »

5 Décrisper une relation par une attitude détendue

Lorsqu'il existe entre votre interlocuteur et vous-même une relation sur le fond sans problème, une attitude décontractée peut détendre l'atmosphère. Dites, par exemple, en lui faisant un clin d'œil : « Alors maintenant on se snobe ? ».

Il y a silence et silence. Tout dépend de la façon dont vous interprétez l'instant sans parole : si vous pensez que votre interlocuteur se tait sciemment pour vous atteindre, vous ne réagirez pas de la même façon que si vous partez du principe qu'il est en train de réfléchir. Et ce sentiment (incertitude, irritation, compassion, honte, colère, vexation) va, à son tour, déterminer votre comportement.
Il existe autant de façons de réagir à un silence qu'il existe de types de silences. La raison pour laquelle vous jugez une situation « pénible » ou « glaciale » ne correspond pas toujours à la réalité des faits :

SILENCE OPPRESSANT

C'est quand une conversation a du mal à démarrer (quand on échange des banalités par exemple) qu'un silence oppressant pour tous s'installe. Détendez l'atmosphère en en parlant, sans pour autant en faire un problème :

- « Ma hantise quand on échange des banalités, c'est justement que la conversation tarisse… S'il vous plaît, dites-moi que vous aussi vous en avez peur ! »
- « Hm, hm ! un ange passe !!! »

SILENCE GLACIAL

Vous pouvez réagir différemment en fonction de la situation, de votre type de relation avec votre interlocuteur et de votre personnalité. Vous n'avez rien à gagner à battre en retraite. Alors, prenez votre courage à deux mains :

- « L'atmosphère s'est soudain refroidie. Votre silence n'arrange rien. Qu'avez-vous ? »
- « Hm ! Regard perçant – silence glacial – que vous ai-je fait ? »
- « Brrr, votre regard fait baisser la température de 20 degrés… »

SILENCE EMBARRASSÉ

L'atmosphère est convenable, mais une ou plusieurs personnes sont plongées dans un silence embarrassé. Relancez la conversation. Voyez lequel, du ton humoristique ou du ton objectif, est le mieux adapté.

- « Nous voilà assis là comme des idiots. »
- « Je ne sais vraiment pas quoi dire… »
- « Il règne un silence lourd. Nous pourrions peut-être en profiter pour poser les questions que nous avons en tête ou exprimer notre avis. Monsieur X, voulez-vous commencer ? »

SILENCE RÉPROBATEUR

Lorsque quelqu'un ne dit plus rien et vous met ostensiblement de côté, il s'agit d'une manipulation. Ce que cela cache généralement, c'est l'incapacité de cette personne à exprimer son problème. Avec la meilleure des volontés, vous n'avez pas à tolérer une telle attitude.

- « Faire mine de m'ignorer, c'est à la fois être déloyal envers moi et me manquer de respect. Je le vis très mal et je suis sûr que vous le savez. J'attends de vous que vous vous comportiez en adulte. Ce n'est qu'à cette condition que nous pourrons régler le problème. »

SILENCE INEXPLICABLE

Essayez de comprendre ce qui se passe, en posant des questions :

- « Je ne comprends pas ce qui arrive. Comment dois-je interpréter votre silence ? »

Il est important dans tous ces cas de figure qu'après vous être exprimé, vous montriez que vous attendez une réponse… puis que vous vous taisiez également ! Ne faites pas tomber à l'eau vos arguments et vos questions en continuant de parler pour combler le silence.

(Ré)agir en ne disant rien

Avoir le sens de la répartie c'est aussi, parfois, ne rien dire à dessein. Cela permet de rendre totalement vaine une réflexion stupide, et lorsque quelqu'un vous provoque, de vite désamorcer une situation conflictuelle en ne mordant pas à l'hameçon.

FAITES SEMBLANT DE NE PAS ENTENDRE

Vous annoncez joyeusement dans le bureau paysager que vous avez décroché une grosse commande. Tout le monde crie bravo. Seule l'une de vos collègues dit sèchement : « Une poule aveugle trouve aussi son grain. » Ne la laissez pas gâcher votre joie ! Et ne cherchez pas trop à savoir si elle est simplement jalouse, ou si elle a voulu faire de l'esprit. Tournez-vous vers les autres et savourez votre succès.

FAITES SEMBLANT DE NE PAS VOIR

Un clin d'œil désobligeant, un regard courroucé, un geste déplacé… peuvent très bien pousser quelqu'un à sortir de ses gonds. Sachez parfois passer outre, car, pour être honnête, il nous arrive à tous de temps à autre de déraper. Les mots dépassent souvent la pensée, et on n'est pas toujours visé. Et, quand bien même : restez calme et n'y prêtez aucune attention.

RISQUE D'ESCALADE !

Battre froid

C'est une chose d'ignorer tout simplement une réflexion, une de ces remarques stupides. C'en est une autre d'ignorer totalement quelqu'un, de quitter par exemple la pièce sans rien dire, ou de parler aux autres personnes présentes, comme si la personne concernée était transparente.
Bien sûr, vous pouvez parfaitement passer votre chemin sans sourciller lorsque quelqu'un vous invective dans la rue, mais quand il s'agit de quelqu'un à qui vous avez à faire régulièrement, vous risquez non seulement de ternir votre image en passant pour grossier, mais en plus – en fonction des circonstances – d'être pris pour quelqu'un de couard ou d'arrogant.

La fuite en avant

Le silence n'est pas toujours la meilleure solution. Dans certaines situations, mieux vaut commencer par y voir clair : de quoi s'agit-il exactement ? Votre interlocuteur est-il vraiment condescendant, ou bien est-ce vous qui le prenez ainsi ? Il existe plusieurs techniques utiles pour analyser la situation et réagir à bon escient.

La demande d'explications

Si vous avez tendance à rester muet d'étonnement, voici une bonne nouvelle : demander des explications est toujours efficace ! Nul besoin pour cela de présence d'esprit ni de vivacité particulière. Interroger son interlocuteur permet, en dernier ressort, de reprendre le contrôle. Et vous êtes gagnant sur tous les tableaux :

- Vous restez réactif.
- Rien qu'en posant votre question, vous avez l'air calme et positif (même si, ce faisant, vous montrez des signes d'incertitude).
- Vous restez positif même en situation critique.
- Vous montrez à votre interlocuteur que vous le prenez au sérieux ainsi que ce qui le préoccupe (même si, à votre sens, le ton ou le comportement de ce dernier sont déplacés).
- Vous obligez la personne à assumer la responsabilité de ce qu'elle avance.
- Vous apprenez les véritables motifs et détails dont vous avez besoin pour comprendre cette personne et pouvoir réagir de manière appropriée.

En fonction du type de question que vous posez, vous atteignez différents objectifs :

VOUS VOULEZ QUE VOTRE INTERLOCUTEUR VOUS CONFIRME QUELQUE CHOSE OU BIEN PRENNE UNE POSITION CLAIRE ?

Alors posez une question fermée à laquelle on ne peut répondre que par oui ou par non.

3

Par exemple : « Vous avez l'air tellement sceptique. Me pensez-vous à la hauteur de ce projet ? »

VOUS VOULEZ OBTENIR DE PLUS AMPLES DÉTAILS ? Alors posez une question ouverte, qui oblige votre interlocuteur à vous fournir des informations plus précises.

Par exemple : « Dans quelle mesure n'êtes-vous pas satisfait de mon travail ? »

VOUS VOULEZ EN SAVOIR DAVANTAGE SUR LE FOND DE SA PENSÉE ? Alors dites-le carrément.

Par exemple : « Pourquoi dites-vous… ? » ; « Vous avez l'air tellement agressif/distant. Pour quelle raison ? »

VOUS VOULEZ TESTER DES ALTERNATIVES ? Alors posez des questions commençant par « Et si... ».

Par exemple : « Vous venez d'exprimer une opinion défavorable aux hommes élevant seuls leurs enfants. Si la garde des enfants est garantie, cela vous fait-il changer d'avis ? »

Il faut souvent revenir plusieurs fois à la charge pour obtenir un exposé des vraies motivations : « Apparemment, vous accordez plus d'importance à vos loisirs qu'à votre travail ! »

Reprenez la réponse dans votre question : « Vous pensez donc que je n'accorde pas assez d'importance à mon travail ? »

Réponse : « C'est l'impression que l'on pourrait parfois avoir. »

Question fermée : « Vous n'êtes pas satisfait de mes services ? »

Réponse : « Non, non… ce n'est pas ce que je veux dire. »

Question ouverte : « Alors expliquez-moi, s'il vous plaît, ce que vous voulez dire exactement. Dans quelle mesure pensez-vous que mes loisirs ont plus d'importance ? »

Réponse : « Vous partez toujours pile à l'heure en laissant souvent vos dossiers en plan. Vos collègues se montrent plus zélés de ce point de vue. »

Retenez cette règle de trois toute simple pour tirer le meilleur parti de votre technique d'interrogation : formulez vos questions le plus concrètement possible – laissez parler votre interlocuteur – écoutez attentivement pour comprendre.

La peur de la vérité

Parfois on n'ose pas poser de questions. « Et si j'apprenais quelque chose que je n'ai pas envie d'entendre ? » Vous avez tout à gagner à chercher à savoir, à commencer par des éclaircissements. Voici comment vous y prendre pour tirer partie de votre appréhension :

→ Couchez vos craintes sur le papier

Que pourrait-il arriver ? Que craignez-vous exactement ?

→ Employez la technique des « spéculations tous azimuts »

Que pourrait répondre votre interlocuteur à votre question ?
Pensez à un maximum de réponses. Vous vous rendrez ainsi compte qu'il ne va pas nécessairement réagir comme vous le craigniez.

→ Réfléchissez aux conséquences possibles

Examinez chacune des réponses possibles. Quelle serait la meilleure façon de les traiter ?

→ Prenez conscience des avantages

Comprenez les bénéfices que vous pouvez tirer à poser des questions précises. Même si la réponse de votre interlocuteur ne vous plaît pas, vous aurez au moins remporté une victoire sur vous-même.

→ Exprimez votre manque d'assurance

S'il vous est très pénible de poser des questions, vous pouvez parfaitement le formuler. Commencez simplement votre question en le disant :
« À vrai dire, je ne suis pas très habile dans l'art de poser des questions... »
Le fait d'en parler détend l'atmosphère. Et en général votre interlocuteur vous aide à vous débarrasser de votre appréhension.

Provoquez délibérément

Une provocation délibérée est un excellent moyen d'obtenir une réponse. Posez une question ou lancez un commentaire dans une salle, de telle façon que son destinataire se sente « visé », ou tout au moins obligé de s'expliquer.

Prononcez cette provocation avec sur le visage une expression d'intérêt sincère et attendez la réponse. Vous soulignez ainsi le sérieux de la circonstance et demandez à votre interlocuteur de prendre position.

Soyez sans crainte : même si la personne visée ne réagit pas immédiatement, ou si elle se bloque, le message a bien été reçu.

Voici comment provoquer de manière délibérée :

1. Un collègue marié vous drague en vous regardant droit dans les yeux. Vous ne prenez pas la chose très au sérieux, mais aimeriez couper court à de possibles avances.
Vous dites en riant : « C'est tout à fait charmant, on dirait un croisement entre les yeux de cocker et le regard bovin ! J'espère que ta femme aussi y a droit quand tu rentres chez toi ! »
Vous faites ainsi ressortir le comique de la situation, enlevez tout charme au regard langoureux et amenez en plus l'épouse sur le tapis.

2. Une collègue traînasse toute la journée, passe beaucoup de coups de téléphone personnels ou surfe sur Internet. Une commande importante est en souffrance. Quand on le lui fait remarquer, elle allègue la vieille ritournelle : « Pas de panique. Je suis au travail, pas à la pêche. »
Vous lui dites : « C'est notre plus gros client. Il représente au moins cinq emplois. Imagine qu'il soit mécontent s'il ne reçoit sa marchandise que demain. Comme par hasard, un autre fournisseur passe par là. Le client accepte un entretien. Et hop ! Plus de commandes. Des gens se retrouvent sur le carreau. Et ce sera ta faute. »

Voilà un scénario réaliste dépeint dans sa version la plus noire. Le but est que votre collègue change d'attitude. Et sa réponse lapidaire est remise en question au vu des graves conséquences énoncées.

3 Vous êtes très rigoureuse dans votre travail et remettez souvent les choses en question. Vous savez fixer des limites. Même si on vous apprécie en général, vous craignez qu'un de vos collègues ne vous trouve trop rigide. Mais vous n'osez pas lui poser la question. Saisissez l'occasion d'une discussion où vous êtes, une fois encore, en désaccord, pour lui faire dire ce qu'il pense de vous.
Dites-lui : « Mais, Monsieur Martin, vous savez bien que je ne me laisse pas marcher sur les pieds… »
Monsieur Martin ne peut que rire avec vous. À moins qu'il ne profite de l'occasion pour dire : « Je n'aurais pas dit ça comme ça, mais quelques fois vous êtes un peu rigide. »
Dans les deux cas, vous aurez fait un pas vers votre collègue. Même si vous ne faites que rire avec lui, vous aurez renforcé vos liens. Et en cas de réels problèmes, Monsieur Martin préférera vous en parler plutôt que de garder une attitude distante.
Toutefois, la provocation spirituelle n'est pas adaptée lorsqu'il s'agit de régler un lourd différend. Optez en l'occurrence pour le dialogue et parlez en toute franchise.

Voilà comment j'y suis arrivé !

Vous avez le souffle coupé ? Rien à répondre ? Exposez ce qui vous tracasse et ainsi vous retrouverez la parole. En plus vous aidez votre interlocuteur à mieux vous comprendre :
Vous avez remplacé un collègue pendant ses vacances. Le jour de sa reprise, il s'avère que vous avez omis de rappeler quelqu'un. Votre collègue laisse tomber le dossier à grand fracas sur son bureau et déclare à la cantonade : « Super ! Il fallait s'y attendre. On ne peut pas s'absenter ! »

Vous êtes pétrifié. Même si vous pouvez imaginer que votre collègue soit en colère à cause de cet appel manqué, vous êtes furieux et vexé. Pendant 15 jours, vous avez fait le travail de deux personnes, et voilà le résultat ! Vous êtes trop troublé pour le moment pour avoir une conversation constructive. Exprimez plutôt ce que vous ressentez : « Eh bien, Pierre, je trouve ça un peu fort. Je comprends que tu sois furieux, mais à ton avis, que dois-je penser, moi qui, pendant deux semaines, ai assumé une double charge de travail, que tu balaies d'un revers de main ? »

Vous vous sentez mieux parce que vous avez exprimé votre colère, et votre collègue se rend compte de ce qu'il a suscité en vous, par ce commentaire sans nuances.

Répondez de la même façon aux messages et insinuations.

Comme nous l'avons déjà vu, nous sommes très réactifs aux signaux du corps : quelqu'un bâille – s'ennuie-t-il, est-il vraiment en train d'écouter ? Votre supérieur fronce les sourcils – vous en veut-il ? Dans ce genre de situation, on a vite fait d'extrapoler. On croit savoir ce que l'autre pense, ressent ou voudrait dire. Alors que votre supérieur essaie peut-être simplement de se concentrer, c'est pourquoi il a cet air tendu. Quant au bâillement de votre vis-à-vis, il lui est vraiment pénible, parce qu'en fait il lutte contre le sommeil en raison du manque d'oxygène dans la pièce.

Réagissez tranquillement à ce genre de signaux et à l'effet qu'ils produisent sur vous. Vous pourrez au moins relancer des conversations qui menacent de tarir :

- « Vous avez l'air terriblement sceptique… »
- « J'espère que je ne vous ennuie pas… ? »

Veillez à avoir un ton chaleureux, sinon votre interlocuteur risque de se sentir un peu agressé. Ménagez un petit silence juste après, ne reprenez pas immédiatement la parole pour lui permettre de répondre.

Que se cache-t-il derrière l'ironie et le sarcasme ?

Certains sont fiers de leur « sens de l'humour », mais derrière l'ironie, et à plus forte raison derrière le sarcasme, encore plus méchant, se cachent souvent une simple et pathétique incapacité à se débrouiller, et un réflexe de fuite. Il peut s'agir :

- d'une incapacité à affronter une conversation franche,
- d'un manque de courage à assumer ses propres opinions,
- d'un sentiment d'amertume dû à une raison particulière.

Quelqu'un qui emploie l'ironie ne dit pas directement ce qu'il pense. Il se garde ainsi toujours une porte de sortie : « Ce n'est pas ce que je voulais dire » ; « Tu n'as pas le sens de l'humour ! » ; « Ce n'est pas du tout ce que j'ai dit. »

Ironie et sarcasme sont souvent à l'origine de malentendus et de problèmes : quand votre interlocuteur se sent ridiculisé ou quand il ne comprend pas tout de suite votre ironie, il répond sérieusement et se retrouve à marcher sur des œufs.

Une collègue vous demande si vous voulez participer à la « Happy Hour » du mercredi soir avec les membres du service. Ce que vous ne voulez surtout pas, c'est bloquer vos mercredis soirs… et en plus avec les collègues ! Vous lui répondez : « C'est une bonne idée. On a si peu l'occasion de se voir. Cela va sans aucun doute renforcer notre esprit d'équipe ! » Ce trait risque de se retourner contre vous : ou bien votre collègue saisit l'ironie et elle va vous en vouloir de tourner sa proposition en ridicule au lieu de vous contenter tout simplement de décliner l'invitation. Ou elle ne saisit pas ce que vous avez vraiment voulu dire, et est convaincue que vous serez ravie d'être de la partie. Pas facile ensuite de s'en sortir ! Surtout si vous vous êtes réfugiée derrière un ton ironique par crainte de dire non.

Votre supérieur vous demande votre avis : « J'ai pensé que nous pourrions prévoir dorénavant tous les séminaires le samedi.

L'entreprise finance les dépenses. Les employés peuvent apporter leur contribution sous forme de temps libre. Qu'en pensez-vous ? »
Vous trouvez l'idée stupide et craignez qu'elle ne démotive profondément les employés. Vous répondez ironiquement : « C'est une idée géniale ! Il est parfaitement légitime que les employés sacrifient leurs week-ends, et pour les séminaires qui se déroulent en milieu de semaine, on pourrait prendre sur les jours de congé. »
Il se peut très bien que votre supérieur prenne vos propos pour argent comptant, qu'il transforme votre proposition, et même qu'il s'abrite derrière votre soutien pour en faire l'article auprès du personnel. S'il comprend ensuite que vous étiez ironique, il pourrait à juste titre vous en vouloir et ne plus vous demander votre avis à l'avenir.

D'UN SEUL COUP D'ŒIL

6 conseils pour faire face à l'ironie et au sarcasme

→ Usez d'ironie avec modération.

→ Exagérez votre langage et votre gestuelle afin qu'il n'y ait aucun doute possible sur vos intentions ironiques.

→ Si vous voulez être pris au sérieux, laissez tomber l'ironie et parlez plutôt ouvertement.

→ À l'inverse, ne prenez pas ironiquement un point de vue sérieux.

→ Lorsque vous vous apercevez que votre interlocuteur n'a pas compris que vous étiez ironique, mettez immédiatement les choses au clair. Vous lui éviterez d'être embarrassé.

→ Ne pratiquez jamais le sarcasme : ce « faux frère » de l'ironie est blessant. Ce genre d'attitude est non seulement dénué de tout respect, mais en plus a toujours des conséquences néfastes pour celui qui l'adopte.

Lorsque votre interlocuteur devient ironique, voire sarcastique, méfiez-vous. Êtes-vous certain de reconnaître s'il s'agit d'une plaisanterie et si votre interlocuteur se moque de vous ? Si c'est la colère et le mécontentement qui sont exprimés ou si c'est une critique qui vous est adressée ? Ou bien si ce propos cache une mauvaise intention, par exemple de vous ridiculiser aux yeux des autres ?

Voici comment réagir lorsque :

→ **LE PROPOS EST TENU SUR LE TON DE LA PLAISANTERIE**

Vous pouvez en rire aussi ? Alors allez-y sans crainte (autodérision → page 48). Dans le cas contraire, fixez des limites précises (→ page 20). Si vous n'êtes pas sûr qu'il s'agisse d'une plaisanterie, demandez simplement : « C'était pour rire ? ».

→ **VOUS PENSEZ QUE CE PROPOS CACHE UN MOTIF SÉRIEUX**

« J'ai l'impression que vous avez un souci. Dites-moi franchement de quoi il s'agit. »

→ **VOUS VOUS SENTEZ SUR LA SELLETTE**

« J'ai l'impression que vous êtes en train de vous moquer de moi » ; « Vous vous payez ma tête ? »

3

Ne perdez pas le fil

Vous arrive-t-il pendant une discussion d'oublier votre propre avis ? Imaginez qu'une conversation soit une route. Des bifurcations vous éloignent sans cesse du sujet. Il arrive même qu'on soit poussé à dessein à se fourvoyer. Votre interlocuteur peut tenter sciemment, par une remarque, de détourner la conversation. Il arrive souvent que les discussions s'orientent, sans qu'on y prenne garde, dans une certaine direction – ou qu'intervienne le facteur émotionnel.

Malheureusement, en vous écartant du sujet, vous ne pouvez plus vous affirmer vous-même, ni vos idées. Conséquences : à la fin de la discussion vous éprouvez un sentiment de frustration et vous vous sentez humilié. Ne vous laissez pas entraîner hors sujet, essayez plutôt de comprendre le but de la manœuvre :

→ Votre interlocuteur vous provoque. Cherche-t-il juste l'affrontement, ou s'agit-il d'autre chose ? Il faut que vous tâchiez d'en savoir davantage.

→ Au beau milieu d'une discussion sur un projet, vous vous retrouvez à échanger des boutades ironiques avec votre collègue. Comment redressez-vous la barre pour revenir à votre sujet ?

→ Votre supérieur a rejeté votre requête. De rage, vous êtes au bord des larmes : c'est vraiment perfide de sa part ! Il n'a aucune estime pour vous ! Mais stop : a-t-il vraiment eu conscience de l'importance que vous y accordiez ? Essayez de le savoir et revenez à la charge avec votre requête.

Et voici comment on perd le fil :

LES BOMBES FUMIGÈNES

Les provocations, réflexions douteuses, reproches – en bref, tout ce sur quoi votre interlocuteur va très vraisemblablement se jeter – peuvent être exploités pour détourner la conversation. Beaucoup d'individus lancent ce genre de « bombes » pour détourner sciemment la conversation. Mais ce n'est pas toujours avec une idée derrière la tête.

SES PROPRES ÉMOTIONS

Quand on se sent attaqué, on se laisse souvent envahir par des émotions négatives qui se manifestent ainsi :

- On est au bord des larmes. On fait des efforts démesurés pour qu'il n'y paraisse rien, et on déploie toute son énergie à les retenir.
- On vous fait marcher. Vous êtes tellement furieux qu'intérieurement, c'est cette personne qui est au centre de vos préoccupations et non plus ses propos.

LES ÉMOTIONS DES AUTRES

Votre interlocuteur s'énerve, est arrogant puis éclate en sanglots… et cela vous déstabilise, ou fige définitivement la conversation.

RÉPONDRE À TOUT PRIX

Quand trouver une réplique percutante tourne à l'idée fixe, on a l'esprit complètement accaparé à y réfléchir. En admettant qu'elle finisse par surgir, on a perdu le fil de la conversation et généré une dispute.

TOURNER AUTOUR DU POT

Si vous ne parlez qu'à mots couverts ou si, soi-disant par égard, vous diluez vos propos jusqu'à les rendre inintelligibles, votre préoccupation va manquer de clarté aux yeux de votre interlocuteur et vous n'obtiendrez rien de ce que vous recherchez.
Il peut être parfois très pratique de changer de sujet intentionnellement et de réorienter une discussion que vous trouvez infructueuse, ennuyeuse ou déplaisante :
Vous partagez votre bureau avec une collègue. Votre supérieur entre et vous demande où en est tel projet. Pendant que vous êtes en train de le lui expliquer, votre collègue intervient pour déclarer : « Nous avons énormément de travail en ce moment. Je crains que ce projet ne soit retardé, Madame X est surchargée ! »
Vous pouvez vous indigner et essayer de réfuter la réflexion en bégayant, ou bien couper la parole à votre collègue (ce qui risque de ne pas faire bon effet aux yeux de votre supérieur) ou encore vous venger en la dénigrant devant ce dernier. Tout cela pourrait bien graver la réflexion encore plus profondément dans sa mémoire. Le mieux est d'oublier l'incident et de reprendre calmement le fil de votre entretien. Vous pouvez dire à votre collègue : « C'est gentil de t'inquiéter pour moi » et à votre supérieur « Il est vrai que nous sommes actuellement surchargées. Mais cela ne m'empêche nullement de m'occuper de ce projet, ne vous en faites pas ! On était justement en train de préparer le planning. Voici ce que je propose… ».

Voici qui vous aidera à revenir à votre sujet :

JOUER LE RÔLE DE MENEUR DE JEU : Menez la conversation comme tout bon meneur de jeu.

- « Cela nous éloigne de notre sujet. Nous étions en train de parler de… »

DÉTENDRE UNE SITUATION EXPLOSIVE : Un peu d'humour peut ici être utile ; faites une remarque bon enfant, ou bien prenez une attitude théâtrale pour passer au thème suivant.

- « Avant que nous n'en venions aux mains, je vous propose de changer de sujet… »
- Agitez frénétiquement les bras en disant : « Oh la la la… vite, vite passons à autre chose ! »

OPÉRER LA TRANSITION AVEC UN CLIN D'ŒIL : Même si vous ne vous sentez pas vraiment à l'aise, soit parce que l'on s'est payé votre tête, soit parce que vous avez mis les pieds dans le plat, vous avez intérêt à rester calme :

- Fermez les yeux bien fort : « Oh non ! ou nous changeons de sujet ou je disparais tout de suite sous terre ! »
- Jouez la personne affaiblie : « Je ne *peux* pas travailler comme ça ! »

LANCER UN APPEL ADROIT : Si quelqu'un se comporte de façon puérile, espiègle ou agressive, montrez-lui sa futilité :

- « J'apprécie aussi les bonnes blagues. Mais maintenant, ce qui importe, c'est de montrer notre professionnalisme et de tirer parti du peu de temps dont nous disposons. La question est… »

S'EXPRIMER OUVERTEMENT : Vous ne voulez pas tolérer certaines choses, faites-le clairement comprendre. Regardez les gens en face et ayez l'air sérieux. Un sourire apaisant ou un regard fuyant risquent de relativiser vos propos. Passez ensuite concrètement à votre sujet.

- « C'est bon ! Restons-en là. »
- « Non seulement ce genre de commentaires me porte sur les nerfs, mais en plus il me blesse. Je vous prie d'en faire l'impasse à l'avenir. »

Raconter n'importe quoi

De nombreux ouvrages sur le sens de la répartie conseillent de déstabiliser son interlocuteur en citant un proverbe qui n'a ni queue ni tête, ou en amenant la conversation sur un sujet qui n'a strictement rien à voir.

Mais essayez de vous imaginer un seul instant :

Un collègue furieux vous prend à partie à la suite d'une erreur, et vous lui répondez : « L'avenir appartient tant à la cruche qu'à la fin elle se casse. » Que va-t-il se passer ? La personne aura l'impression que son problème n'est pas pris au sérieux, et la conversation vole en éclats. Votre collègue ne se rendra compte que plus tard qu'il n'aurait pas dû vous parler sur ce ton, et en plus votre collaboration n'en est nullement facilitée.

Renversez la situation :

Que penseriez-vous de quelqu'un qui tiendrait soudain des propos n'ayant qu'un rapport très vague avec votre sujet et ne présentant pas le moindre intérêt ? Vous le trouveriez maître de la situation ?

NE PAS PERDRE DE VUE SES OBJECTIFS ET SES BESOINS : Écrivez à l'avance ce que vous voulez. Vous pouvez vous servir de vos notes comme fil conducteur pendant votre discussion, il sera plus difficile de la détourner.

NE PAS SE LAISSER ENTRAÎNER HORS SUJET : Si quelqu'un lance une petite phrase, faites semblant de ne pas entendre, ou relevez très brièvement en fonction de la situation, pour conserver la parole et revenir immédiatement à votre sujet. Si quelqu'un soulève un autre problème, ne le rejetez pas, mais insistez pour en finir d'abord avec le sujet en cours. Proposez de revenir ensuite sur le problème évoqué.

EXERCICE

Maintenir le cap pas à pas

Le langage de votre corps au quotidien

Nous vous avons proposé page 65 de vous auto-observer dans votre vie quotidienne.

- Quels sont dans votre gestuelle, vos mimiques, votre attitude, les signaux corporels que vous avez constatés ? Quels sont ceux qui pourraient être mal interprétés ou à double sens ?

- Qu'aimeriez-vous changer ? Comment comptez-vous vous y prendre ?

Comment réagissez-vous au silence ?

- Quel est le type de silence qui vous gêne (ou vous rend agressif) ? Et pourquoi ? Comment cela se traduit-il – au niveau émotionnel et rationnel ? Dans votre attitude ?

- Concernant le silence, sur quoi aimeriez-vous travailler et comment ?

Comment réagissez-vous dans les situations où vous aimeriez faire preuve de davantage de répartie ?

- ○ Jusqu'à présent je m'en remettais plutôt aux autres, n'ayant pas grande confiance en moi.
- ○ Je règle tout moi-même et réfléchis beaucoup aux motivations de mon interlocuteur.
- ○ Je ne m'en laisse pas conter et ai la dent dure. Parfois trop dure.
- ○ ______________________________

Reportez-vous au paragraphe « Demande d'explications » (→ page 73) et examinez honnêtement si vous vous êtes souvent penché sur les détails, et intéressé aux motivations. Que pouvez-vous améliorer dans ce domaine à l'avenir, et comment ? Qu'allez-vous faire concrètement ?

____

____

Maintenir le cap

Vous laissez-vous facilement détourner de votre objectif et perdez-vous de vue l'essentiel de vos préoccupations ? Pourquoi ? Qu'est-ce qui vous en détourne ?

____

____

Reprenez vos réponses une à une et réfléchissez à ce que vous allez faire pour mieux garder à l'esprit l'objet initial d'un entretien.

____

____

3

4

Ne pas craindre les situations embarrassantes

→ Avoir les idées claires et l'esprit vif sont les meilleurs atouts pour faire face à une conversation qui prend mauvaise tournure. Mais, sous le coup de l'émotion, on se retrouve souvent paralysé, sans voix, et on abandonne la partie. Certains vont sortir les griffes, être furieux et agressifs. Il ne faut pas ! Si vous vous entraînez à garder une vue d'ensemble, vous maîtriserez toutes les situations.

L'humiliation face aux critiques

La manière dont on reçoit des reproches dépend en premier lieu de son estime de soi. Quand, par exemple, on est critiqué en public, certains réagissent de façon constructive et cherchent à clarifier la situation, tandis que d'autres sont verts de rage à cause du procédé. D'autres encore sont complètement découragés.
Plus on a une mauvaise image de soi et moins on a d'assurance, plus le sentiment d'humiliation est intense. Ce sentiment influe sur la façon dont on analyse la situation, et c'est ce qui va conditionner la rapidité avec laquelle on va reprendre ses esprits pour réagir à bon escient.

Secours d'urgence face aux critiques

Ne vous culpabilisez pas systématiquement. Essayez au contraire pour une fois, face à une critique, d'écouter attentivement et de demander des explications.

1. Si vous êtes stupéfait, montrez-le sans crainte. Mais par un simple « Oh ! » ou « Quoi ? » et non en confirmant ou infirmant aussitôt.
2. Partez « en quête de plus amples informations ». Demandez des explications (→page 73) pour remonter à la source de la critique. Cela vous permettra, en outre, de maintenir une distance entre vos émotions et vos paroles. Vous apparaîtrez en pleine possession de vos moyens et pourrez discuter concrètement du problème. Ainsi, lorsque votre supérieur vous dit sur un ton de reproche : « On ne peut rien vous confier ! », répondez-lui en lui demandant : « Pourquoi dites-vous cela ? Que voulez-vous dire exactement ? »

Désirs de vengeance

Quand on a été profondément vexé et que son estime de soi a été ébranlée, on n'a souvent qu'une idée en tête : rétorquer, envoyer balader la personne à la première occasion, lui rendre la monnaie de sa pièce, en paroles ou en actes. Il ne s'agit en fait de rien d'autre que du désir d'être respecté, d'obtenir éventuellement des excuses. La vengeance n'est pas le bon moyen. Mieux vaut rester constructif. De plus, quelqu'un qui cherche à vous désarçonner sera encore plus furieux si vous restez calme face à son agressivité.

En cas d'attaque mesquine ou d'amalgame, poussez votre interlocuteur dans ses retranchements en lui demandant des explications : vous l'obligerez à s'expliquer clairement, et à le reconnaître si ses critiques sont infondées.

Comment affronter les critiques en fonction des circonstances ?

LA CRITIQUE EST INJUSTIFIÉE MAIS OBJECTIVE

− Être blessé par le jugement hâtif et réagir à l'injustice.

+ Chercher l'origine du problème, et partant de là, si c'est important à vos yeux, vous pourrez ensuite expliquer que la critique était déplacée.

Exemple :

« Hier, nous avons eu une fausse alerte. Vous avez encore laissé les fenêtres ouvertes ! »

« Oh, une fausse alerte ! C'est ennuyeux. Je suis partie à cinq heures, et n'ai donc pas été la dernière à quitter le bureau. Mais qu'à cela ne tienne : je vais rappeler à tout le monde de faire attention, et que le dernier à partir doit bien vérifier toutes les fenêtres de l'étage. »

LA CRITIQUE EST JUSTIFIÉE MAIS LE TON INAPPROPRIÉ

⊖ Se buter immédiatement, ou réagir avec agressivité.

⊕ Remettre en question objectivement le ton et la teneur des propos.

Exemple :

« Maintenant je me retrouve avec deux rendez-vous à la fois !
Bon sang, vous ne pouvez donc pas noter mes rendez-vous
sur un agenda ? »

« Je suis désolée, j'ai fait une erreur, certes, mais je vous prie de ne pas me parler sur ce ton. »

LA CRITIQUE N'A AUCUN SENS ET VISE UNIQUEMENT À VOUS DÉSTABILISER

⊖ Tomber dans le piège.

⊕ Soit ignorer sciemment la provocation, soit démasquer les intentions.

Exemple :

« L'adage "ne te fie pas à des statistiques que tu n'as pas faussées toi-même" se vérifie avec vous ! »

« Que voulez-vous dire exactement ? » (puis attendez en silence) ou bien : « Épargnez-nous vos sarcasmes s'il vous plaît. »

LA CRITIQUE EST JUSTIFIÉE MAIS VOUS LAISSE D'ABORD SANS VOIX

Si vous êtes submergé par vos émotions et ne parvenez pas à réagir rationnellement, commencez par parler de ce que vous ressentez. Cette entrée en matière vous permet de retrouver vos mots.

Exemple :

« Il y a encore une erreur de caisse ! Ce n'est pas possible qu'il manque toujours des factures ! »

« Je sais… Vous avez raison… Pour être honnête je n'arrive pas à avoir les idées claires pour le moment… »

Ne vous laissez pas entraîner à chercher à faire contrepoids et à répondre à une critique par une contre-critique !

Vous vous sentez humilié... Que faites-vous ?

Quelqu'un plaisante à vos dépens… et en présence de vos collègues. On vous critique, et vous avez l'impression d'être dévalorisé aux yeux des autres. Vous avez appris à gérer ce genre de situations intérieurement (→page 19). Cela vous donne l'assurance d'agir dorénavant avec discernement :

ON PLAISANTE À VOS DÉPENS

- Vous trouvez la réflexion amusante ? Riez avec les autres !
- Vous ne trouvez pas la plaisanterie drôle, mais n'en prenez pas ombrage dans la mesure où on en reste là ? Alors faites semblant de n'avoir rien entendu.
- Vous êtes offensé et n'appréciez pas d'entendre ce genre de remarque ? Alors dites-le : « Je suis blessé quand on plaisante sur mon poids. Merci de vous en dispenser. » Sinon vos collègues risquent de ne pas se rendre compte que vous êtes vexé. Prenez garde : si, par manque d'assurance, vous faites mine d'apprécier la plaisanterie, elle pourrait bien se transformer en leitmotiv !
- Vous savez recevoir, mais aussi donner ? Alors envoyez le retour de manivelle.

Important : n'en faites pas une affaire, et changez de sujet dans la foulée.

ON VOUS MANQUE DE RESPECT DEVANT D'AUTRES PERSONNES

Restez impassible, mais faites clairement remarquer que la réflexion était déplacée. Ou bien contentez-vous de faire semblant de ne pas entendre. Même si une remarque tout aussi désobligeante vous traverse l'esprit : retenez-vous. N'entrez pas dans ce jeu.

VOUS ÊTES CRITIQUÉ PUBLIQUEMENT DE MANIÈRE OBJECTIVE

Essayez de comprendre la critique aussi objectivement que possible. Si vous êtes décontenancé, ou si vous êtes gêné devant vos collègues, demandez un entretien seul à seul. Faites absolument savoir que dans ce genre de circonstances, vous préféreriez que la critique soit émise dans le cadre d'un entretien personnel plutôt que devant vos collègues. Pour savoir comment gérer de manière efficace la critique justifiée comme la critique injustifiée, reportez-vous aux pages 96 et suivantes.

VOUS ÊTES CRITIQUÉ PUBLIQUEMENT DE MANIÈRE PARTIALE

Analysez séparément le fond et la forme de la critique. Ayez avec la personne concernée un entretien confidentiel, et abordez le problème du ton inadapté. Montrez-vous constructif et ouvert au dialogue quant au motif de la critique lui-même, en dépit du procédé. S'il ne s'agit que d'un prétexte pour vous faire du tort, c'est une autre histoire. Le cas échéant demandez des explications : « Nous savons tous les deux que ni cette critique, ni votre façon de l'exprimer ne se justifient. De quoi s'agit-il en réalité ? » Puis attendez en silence.

Faites très attention, en présence d'autres personnes, à votre propre image :

1 NE PERDEZ PAS DE VUE L'IMAGE QUE VOUS RENVOYEZ

Lorsque vous réagissez sous le coup d'une vexation, avec agressivité, ou au-dessous de la ceinture, il est probable que vous en tiriez sur le moment une certaine satisfaction, mais les personnes présentes vont avoir une mauvaise impression de vous ! Suivant le contexte, c'est peut-être tout votre service, voire toute l'entreprise, qui risque d'en pâtir. Imaginez que vous soyez client d'un magasin et que vous assistiez à un crêpage de chignon entre deux vendeuses. Non seulement c'est embarrassant, mais en plus vous n'aurez pas une très bonne image de ces personnes, ni de leur entreprise.

2 MONTREZ DES ÉGARDS VIS-À-VIS DES PERSONNES PRÉSENTES

Les échanges de paroles discourtoises, les regards venimeux ou les atmosphères glaciales signifient que l'on met l'assistance dans une situation embarrassante : personne ne prend plaisir à être témoin d'une querelle. Les gens avec qui on n'a que des relations professionnelles sont généralement très gênés et se sentent impliqués malgré eux.

Ceux qui ont une relation plus étroite avec les protagonistes peuvent se demander s'ils doivent prendre parti et pour qui, ce qui est une situation très délicate.

3 PORTEZ-VOUS GARANT DE VOUS-MÊME

Vous pouvez collectionner les bons points auprès de vos interlocuteurs si vous montrez d'entrée de jeu que vous maîtrisez tout : par exemple que vous savez gérer la critique ou encore fixer des limites (→ page 20). Par ailleurs, vous pouvez être rassuré sur un point : les gens se font leur propre opinion et savent parfaitement reconnaître si des critiques sont justifiées, si une personne devient indiscrète ou si elle amuse la galerie aux dépens des autres. Humilier quelqu'un devant tout le monde n'a rien d'élégant, et le public involontairement présent sait très bien à quoi s'en tenir.

Gérer les critiques et les erreurs

Plus on est intransigeant avec soi-même, plus il est difficile d'affronter ses propres erreurs. C'est pourquoi il est si important d'acquérir confiance en soi et sérénité.

Souvent, on réagit à la critique :

- → en rétorquant par une critique,
- → en se justifiant ou en renvoyant la faute sur une tierce personne,
- → en se laissant submerger par ses émotions (on éclate en sanglots, on explose de colère ou on meurt de honte).

Pour que cela ne vous arrive pas, il faut d'abord que vous assumiez la responsabilité de vos actes et considériez la critique comme une chance : pour éviter de faire deux fois la même erreur, pour devenir meilleur, pour évoluer et pour renforcer vos liens avec les autres.

Face à ses propres erreurs

Vous avez commis une erreur dans votre travail, et on vous le fait remarquer. Réagissez-vous calmement ? Au premier abord, on serait tenté de dire que cela dépend des gens. Mais ce n'est pas aussi simple, car la façon dont nous réagissons vis-à-vis d'une personne qui nous fait remarquer une erreur dépend d'autres facteurs, par exemple :

- → Que pensez-vous de la personne qui vous fait remarquer votre erreur, et qu'êtes-vous pour elle ?
- → Pensez-vous qu'il vaille la peine de parler de cette erreur ?
- → Quel est le degré de tolérance aux erreurs dans votre entreprise ?

Ce que vous devez impérativement éviter :

- ⊖ Transformer un petit accident en énorme problème en vous excusant cent fois pour la même chose. Cela ne peut qu'éveiller les soupçons chez votre interlocuteur et le conduire à penser que l'affaire est beaucoup

CONSEIL

Que faire en cas d'erreur ?

Voici comment réagir lorsque vous êtes confronté à une erreur :

- → Gardez votre sang-froid, éventuellement retrouvez-le vite : reportez-vous pour ce faire aux conseils de la page 24.
- → Si vous reconnaissez immédiatement avoir commis une erreur : excusez-vous et restez-en là. S'il existe une explication (pas une justification !), donnez-la. Évitez à tout prix les phrases du genre « Cela ne se reproduira plus jamais ». Ce sont des promesses de circonstance qui ne sont pas prises au sérieux.
- → Si vous ne comprenez pas en quoi consiste votre erreur, ne vous mettez pas sur la défensive et ne vous défaussez pas. Demandez des explications (→ page 73) !

plus grave (« Ce doit être sérieux pour qu'il fasse un tel cirque »). Même si c'est très bien de prendre une erreur au sérieux et de chercher à y remédier, il est important de ne pas en faire trop.

- La tirade de justification. Écoutez et posez des questions. Quand on se défend immédiatement avec des « C'est à cause de ci ou de ça » ou « C'est la faute d'untel ou untel », on devient pénible et on se montre incapable d'autocritique.
- L'attaque par ricochet. Même si la personne qui a fait remarquer votre erreur ne fournit pas un travail irréprochable, ou a commis récemment une grosse « boulette », ce n'est pas le sujet. Il s'agit pour le moment de *vous* et de *votre* erreur. Si, de votre côté, vous avez quelque chose à éclaircir, faites-le à part.

Comment gérer une critique légitime

Vous faites l'objet de critiques et comprenez les problèmes soulevés, mais, comme vous acceptez mal la critique, vous restez sans voix. Voyons, à l'aide d'un exemple, comment vous allez pouvoir reprendre la situation en mains :

Votre supérieur vous dit : « Je ne suis pas satisfait de la façon dont vous avez mené ce projet. J'ai l'impression que vous étiez dépassé. »

1 GAGNER DU TEMPS

Prenez un temps de réflexion pendant lequel vous ne dites rien, ou bien renseignez-vous :

→ « Permettez que je termine rapidement ce courriel, je vous rejoins ensuite dans votre bureau pour que nous puissions en parler ? »

→ « Dans quelle mesure n'êtes-vous pas satisfait ? »

2 EXPRIMER SA STUPEUR

Si vous êtes submergé par vos émotions, dites-le. Vous détendrez un peu l'atmosphère, et votre interlocuteur pourra tenir compte de ce que vous ressentez. Il n'est probablement pas très à l'aise lui-même : on critique rarement par plaisir.

→ « Je comprends que vous ne soyez pas satisfait de ce projet. Je ne suis pas vraiment content de moi, non plus. Mais que vous puissiez penser que c'était au-dessus de mes moyens me choque beaucoup ! »

3 SE RENSEIGNER

Se renseigner est fondamental, car ce n'est qu'en connaissance des détails que vous pourrez argumenter correctement. En interrogeant votre supérieur sur les raisons de son insatisfaction vous avez appris deux choses : les entretiens concernant ce projet ne se sont pas déroulés correctement en termes de temps de parole, et la recherche documentaire ne correspond pas à ce qu'il attendait. Continuez de l'interroger pour obtenir des informations plus concrètes :

→ « Vous savez bien que je n'avais jusqu'alors aucune expérience en tant que meneur de jeu. Franchement j'ai eu l'impression de m'en être bien sorti. Dites-moi concrètement s'il vous plaît ce que j'aurais pu mieux faire. »

4 LE DIRE SI VOUS N'ÊTES PAS CONCERNÉ

On peut parfois confondre, et, même si vous étiez effectivement l'interlocuteur, vous pouvez n'avoir aucune part de responsabilité dans le problème. Il faut alors le signaler sans pour autant dénigrer quiconque ou donner l'impression de vouloir rejeter la faute sur un bouc émissaire. En outre, vous devez trouver une solution, même si la faute ne vous est pas imputable. Ou bien avez-vous envie que l'on vous taxe « d'incompétence » ?

Votre supérieur vous fait comprendre que votre recherche documentaire sur le projet ne lui convient pas. C'est en fait un collègue, actuellement en vacances, qui en était chargé.

→ « Malheureusement, Monsieur X qui est chargé de la recherche documentaire est actuellement en congés. Mais nous pouvons néanmoins discuter des points suscitant vos critiques. Il se peut que je connaisse les raisons pour lesquelles nous avons modifié quelque chose, ou je vais peut-être pouvoir m'occuper des modifications que vous souhaitez. »

5 ACQUIESCER

Si vous considérez une critique comme fondée, c'est que vous admettez que les choses ne se sont pas déroulées parfaitement. Approuvez donc totalement ou en partie.

→ « En effet, vous avez raison. J'avais aussi un peu l'impression que j'aurais pu être plus ferme dans mon rôle de meneur de jeu. »

6 ARGUMENTER

Si vous avez bien cerné la situation et éclairci certains détails grâce à vos questions, vous pouvez réagir directement à la critique, de préférence avec une bonne argumentation.

L'un des points que votre supérieur critique est l'absence, dans votre recherche documentaire, d'un diagramme en camembert associé à chaque tableau.

→ « Nous disposions de sources d'information différentes. Il aurait fallu que nous entrions manuellement dans Excel les chiffres de la banque de données sur les entreprises. Nous avons donc jugé que l'investissement par rapport à l'utilité était trop important, c'est pourquoi nous avons renoncé aux diagrammes dans ces cas-là. Qu'en dites-vous ? »

7 AVOUER QUE VOUS NE POUVEZ ENCORE RIEN DIRE

Si vous ne voulez, ou ne pouvez pour le moment vous pencher davantage sur les critiques formulées faute d'informations, dites-le ouvertement.

→ « Je ne peux hélas rien répondre sur ce point, c'est Monsieur X qui s'occupe de la recherche documentaire. Cela peut-il attendre lundi, qu'il rentre de vacances, ou dois-je essayer de le joindre ? »

Affronter une critique non légitime

Face à la critique, on a tendance à faire une différence selon qu'elle est justifiée ou non. Si on pense qu'elle est justifiée, les choses sont plus faciles à gérer que si on la considère infondée.

Mettez-vous un instant à la place de celui qui émet la critique : lorsque vous critiquez quelqu'un, c'est, de votre point de vue, toujours justifié. Si vous apprenez à réagir intelligemment aux critiques infondées, vos discussions seront plus fructueuses.

Les trois règles d'or pour y parvenir sont : prendre son interlocuteur au sérieux, le comprendre et éclaircir la situation.

Les techniques suivantes vont vous y aider :

→ REPRENDRE CE QUI A ÉTÉ DIT, AVEC VOS PROPRES MOTS

Votre supérieur vous dit : « Ce que vous avez pondu est complètement idiot. Je ne peux quand même pas remettre ce rapport en l'état ! »

« Vous n'êtes pas d'accord avec mon rapport. Pouvez-vous me dire ce qui vous gêne ? »

→ ÊTRE D'ACCORD SUR LE PRINCIPE

Un collègue déclare : « Ce n'est pas encore terminé ? On ne peut pas dire que le service soit de qualité. »

« Moi aussi ça me met en colère d'attendre longtemps… »

Passez ensuite directement au sujet proprement dit.

Ne déduisez pas de ce reproche que vos prestations sont mauvaises dans leur ensemble.

→ RECADRER UNE ATTITUDE/UN TON

Un client se plaint : « Vous ne m'avez pas envoyé le bon ! Ma production est bloquée ! Ce n'est pas trop lourd à porter tant de bêtise… ? »

« C'est bon ! Désolé si nous avons fait une erreur. Mais vous n'avez pas à me parler sur ce ton ! »

→ ÉCOUTER ET DEMANDER DES DÉTAILS

Un ami vous critique avec virulence : « Pourquoi ne peut-on pas compter sur toi ? »

« Pourquoi dis-tu ça ? Qu'entends-tu exactement par là ? »

Personne n'apprécie d'être critiqué. Mais c'est la vie ! Il est donc important que vous ayez une approche constructive des critiques et que vous y retravailliez à tête reposée.

Êtes-vous de ces gens que leurs propres erreurs ou les critiques d'autrui poursuivent éternellement ? Dont les pensées sont en ébullition et qui se répètent à longueur de temps :

- « Cela n'aurait pas dû m'arriver ! »,
- ou « Oh mon Dieu ! Tout le monde va me prendre pour un incompétent ! »,
- ou encore « Je ne suis qu'un éternel perdant ! »

Cessez de vous torturer l'esprit ! Tout ce que vous parvenez à faire, c'est à vous dévaloriser systématiquement, à renforcer votre manque d'assurance, et donc à vous fragiliser encore plus.

La bonne nouvelle c'est qu'avec un peu de discipline et d'entraînement vous pouvez apprendre à gérer les critiques – et vous-même – de manière constructive ! Cessez de ruminer et dites-vous : « OK c'est terrible pour moi, et j'aimerais pouvoir faire marche arrière, mais peut-on remonter dans le temps ? – *Non.* » Dites-le à haute voix ! Cela va vous aider à vous concentrer sur ce que vous pouvez vraiment changer. Et si ce n'est pas possible dans les circonstances présentes, ce le sera à l'avenir.

CONSEIL

Tirer les enseignements de ses erreurs

- Prenez l'habitude après un « bide » de vous demander ce qu'il vous a apporté.

Quand vous analysez la situation, recherchez ce que vous avez pu manquer ou mal évaluer en amont, si votre échec est lié à l'absence de concertation, à une erreur de transmission ou à une déficience technique. Ne vous contentez pas de remonter à la source, projetez-vous aussi dans l'avenir : comment pouvez-vous exploiter ce constat la prochaine fois ? Comment devez-vous vous y prendre ?

Sous la ceinture

Il est, semble-t-il, très difficile à la plupart d'entre nous de réagir aux coups donnés au-dessous de la ceinture. Il peut s'agir d'une remarque lancée sans malignité, d'une allusion sexuelle intentionnelle destinée à vous inquiéter, vous déstabiliser, ou encore à une attaque vous visant personnellement.

C'est précisément dans ces cas-là qu'il est très important de rester réactif et de répondre du tac au tac. Non seulement vous affirmez votre personnalité, mais en plus vous faites comprendre très clairement à votre interlocuteur que ce genre de coup n'est pas et ne sera jamais acceptable, car il n'est pas question que l'on puisse tout se permettre avec vous !

Paroles et plaisanteries grivoises

Les plaisanteries ou petites phrases sexistes sont malheureusement monnaie courante. Les femmes, comme les hommes, s'en amusent souvent et reprennent volontiers certaines réflexions de comptoir douteuses.

L'humour est subjectif : ce que l'un trouve complètement à côté de la plaque, l'autre va le trouver désopilant. Mais ce qui ne vous apportera rien, ce sont les discussions de principe : peut-on raconter ce « genre » de plaisanterie ? Les histoires obscènes sont-elles vraiment machistes ? Vous ne convaincrez pas un blagueur viscéral.

Néanmoins, vous n'avez nul besoin, ni obligation d'accepter des paroles ou des plaisanteries obscènes ! Faites clairement comprendre les limites qu'il ne faut pas dépasser avec vous. Et bien sûr, pour cela, évitez de rire avec les autres. Si d'un côté, vous protestez, mais de l'autre riez quand même, l'auteur ne se rendra pas compte qu'il a dépassé les bornes, ou alors il risque de ne pas vous prendre au sérieux.

Vous pouvez réagir de diverses façons à des propos ambigus :

ÊTRE PIQUÉ AU VIF, LE PRENDRE MAL

Attention ! En réagissant de la sorte, vous ne gagnez qu'une chose en général : vous portez atteinte à votre image et confortez votre interlocuteur (« dans le mille ! »). Ou encore, votre attitude l'amuse tellement que la prochaine fois il montera d'un cran juste pour le plaisir de voir votre réaction.

RÉPONDRE CALMEMENT SUR LE MÊME TON

Si une bonne répartie vous vient à l'esprit, et si vous pouvez « l'envoyer » habilement à votre interlocuteur, n'hésitez pas, mais faites bien attention de ne pas le blesser, ou de ne pas le ridiculiser devant les autres.

Devinette : « Savez-vous pourquoi les femmes regardent toujours les films pornos jusqu'à la fin ? Parce qu'elles croient qu'ils se terminent par un mariage ! »

Répartie : « Ha-ha-ha. Et savez-vous pourquoi les hommes n'ont pas de poitrine ? – Parce qu'ils ne pourraient pas assumer la double charge. »

FAIRE L'IDIOT

Demandez des explications – la réflexion perd toute sa saveur et les projecteurs sont tournés vers le plaisantin. Et si vous inversez les rôles au lieu de vous sentir gêné, la situation devient tout d'un coup très embarrassante pour lui.

Réflexion : « Apparemment vous n'y avez pas eu droit hier soir. »

Réponse : « Que voulez-vous dire exactement ? » ou bien « Qu'est-ce qui vous fait croire ça ? »

Parlez sans le quitter des yeux et avec une expression de grand intérêt.

LE DIRE, QUAND VOUS NE LES TROUVEZ PAS DRÔLES

« Ce genre de propos ne me fait pas rire. » Prenez l'air sérieux et n'affichez surtout pas un sourire indulgent.

IGNORER L'ALLUSION

Ne relevez pas l'allusion. Un public qui ne rit pas n'est pas intéressant.

Si vous ne vous montrez pas impressionné, le plaisantin cherchera vraisemblablement un autre public.

CONSEIL

Une affaire d'hommes ?

→ Les blagues à connotation sexuelle ne sont absolument pas l'apanage des hommes. Les femmes en usent également souvent à l'égard d'elles-mêmes comme du sexe opposé. Les plaisanteries sexistes sont toujours déplacées, qu'elles soient faites entre hommes ou entre femmes.

FIXER DES LIMITES CLAIRES LORSQU'ON NE VEUT PAS ÊTRE IMPORTUNÉ PAR CE GENRE DE RÉFLEXION

Critiquez le propos et non son auteur. Quand on est bouleversé, on peut très facilement être agressif avec son interlocuteur. Mais ici, comme face aux critiques, il faut adopter une attitude constructive et se concentrer sur les faits.

« Pour être franc, je trouve les plaisanteries obscènes tout à fait déplacées, et vous prie de ne plus en faire en ma présence. »

RÉAGIR SANS DIRE UN MOT

Vous pouvez ouvrir des yeux ronds, bâiller ostensiblement ou montrer par un geste que la plaisanterie est éculée. Mais attention ! Cela peut passer pour une approbation et encourager le plaisantin à persévérer. Ne réagissez donc ainsi que si vous n'avez rien contre ce genre de plaisanterie, et surtout pas si vous voulez montrer les limites à ne pas dépasser.

Craignez-vous d'être accusé de manquer d'humour ? C'est un moyen de pression très courant. Ne vous laissez pas manipuler, restez vous-même et maintenez vos limites !

→ Rappelez simplement mais clairement votre point de vue :
« Serais-tu un rabat-joie ? »
« Cela n'a rien à voir. J'estime que les plaisanteries obscènes ne sont ni drôles, ni opportunes, et ne veux plus en entendre, c'est tout. »

→ Rejetez le reproche nettement et sans vous appesantir :
« Je ne savais pas que tu te cachais pour rire ! »

« Je ne me cache pas. »

→ Ou bien ignorez tout bonnement la réflexion.

Que faire face à des propos venimeux ?

Les propos vraiment malveillants sont de toute autre nature que les plaisanteries embarrassantes et les réflexions acerbes : ce sont des allusions sexuelles non masquées ou des attaques personnelles du genre « pauvre dinde » ou « Pas étonnant que vous soyez divorcé. Personne ne pourrait tenir avec vous ! ».

Les offenses personnelles ciblées ou le dénigrement malveillant ne sont jamais acceptables et relèvent de la violence verbale. Il existe différentes motivations aux coups portés au-dessous de la ceinture : ce peut être une manœuvre de diversion par manque d'assurance, besoin d'être valorisé, peur ou inadvertance. Les « agresseurs » maîtrisent souvent mal leurs émotions ou ont du mal à gérer leurs problèmes. Parfois ils frappent à l'aveuglette, parce qu'ils se sentent acculés.

Ce changement de perspective est important, il vous permet en effet de mieux juger une situation et, par conséquent, de mieux la gérer. Lorsque vous cherchez les motivations de quelqu'un, vous n'avez pas nécessairement à éprouver de la compassion, mais cela va vous permettre d'avancer avec un objectif plus précis.

Les plaisanteries au-dessous de la ceinture sont toujours au ras des pâquerettes, il ne faut surtout pas qu'elles vous déstabilisent. Renvoyez l'auteur sans équivoque dans les cordes, et montrez par la même occasion aux autres qui a le dessus :

MONTRER QUE LA PLAISANTERIE DÉPRÉCIE PLUTÔT SON AUTEUR

Ne vous occupez pas du contenu, mais de la réflexion en soi :

« Sur l'échelle des réponses consternantes, celle-ci remporte la palme. »

« Lamentable. Je ne pensais pas que vous puissiez descendre aussi bas. »

« Cette remarque en dit long sur vous. »
« C'est affligeant d'entendre ce que vous êtes capable de répondre, non ? »

NE PAS LAISSER PASSER ET METTRE UN TERME À LA CONVERSATION

« Je suis étonné de constater à quel point non seulement vous êtes peu constructif, mais de plus combien vous êtes pathétique. »
« Si vous me parlez de cette façon, nous allons interrompre immédiatement notre conversation. »
Ensuite, vous quittez la pièce ou vous invitez les autres à le faire.
Si vous êtes au téléphone, mettez un terme à l'entretien et raccrochez après avoir dit au revoir.

REVENIR AU VRAI SUJET DE LA CONVERSATION

« Cette remarque ne vous honore pas. Revenons à nos moutons… »
Ne vous attardez pas sur ce dérapage de la discussion, mais signalez bien que vous trouvez l'intervention inopportune. Revenez ensuite sans ambages au sujet traité.

AMENER L'AUTEUR À S'EXCUSER

Dites-lui d'une voix ferme ce que vous ressentez, ne le quittez pas des yeux et restez sans dire un mot. Vous verrez : c'est une attitude très embarrassante pour votre interlocuteur.
« Je suis très choqué par votre façon de me parler. »
« Vous m'avez blessé. »
Ne vous laissez jamais aller à invectiver l'agresseur – ni directement ni via des tiers. Non seulement vous terniriez votre image, mais en plus vous n'en seriez pas moins décontenancé.
Si de cette façon vous confrontez quelqu'un avec son attitude, il va – sauf dans les cas totalement désespérés – finir par s'excuser. Acceptez une excuse sincère. Pensez-y : tout le monde peut s'exprimer maladroitement, même vous. C'est une preuve de dignité que d'être capable de reconnaître ses erreurs.

Aide d'urgence en cas de colère

Lorsque vous sentez que la colère fait monter l'adrénaline, il est urgent de vous calmer. Si vous perdez votre sang-froid, vous n'aurez en effet plus aucune chance d'avoir de la répartie et de rester maître de vous.

→ Analysez correctement la situation

Analysez ce qui vous contrarie. Voyez si vous êtes vraiment furieux ou plutôt énervé, agacé, contrarié ou triste. À partir du moment où vous aurez mieux cerné vos sentiments vous pourrez beaucoup mieux juger la situation présente – ainsi que les suivantes – et y réagir comme il convient.

→ Ne vous montez pas la tête...

... en pestant intérieurement ou ouvertement, en claquant les portes, en crispant votre visage ou en serrant les poings. Respirez plutôt plusieurs fois profondément par le ventre, pour vous détendre physiquement. Cela calme automatiquement et oxygène le cerveau. Effectuez une relaxation volontaire sans oublier les muscles du visage. Ensuite seulement, réfléchissez au moyen le plus habile de gérer la situation.

→ Exprimez vos émotions

« Je vais exploser ! » ou « J'en ai ma claque de... » De cette façon, votre entourage sait à quoi s'en tenir avant que vous ne vous montriez incorrect avec qui que ce soit. L'avantage pour vous : votre interlocuteur ne se sent pas agressé et ne se met pas d'emblée sur la défensive. La conversation peut se poursuivre normalement. Mais surtout, vous vous faites une faveur : décrire une émotion au lieu d'y céder permet de se détendre et favorise la maîtrise de soi.

→ Demandez des explications

Le fait de poser des questions a des vertus apaisantes, puisque cela oblige à être concret et fait preuve d'une disposition d'esprit en quête de solutions (techniques → page 73).

Préjugés et lieux communs

D'un côté, personne n'aime être rangé dans une catégorie particulière, et de l'autre, on a tous tendance, même vous, à juger les gens ou les événements sur la base de conjectures ou de quelques indices. Il est normal d'avoir des préjugés, même si on ne les aime pas beaucoup : ils sont humains et puisent souvent leur origine dans notre éducation. Savoir répondre aux poncifs favorise votre sens de la répartie à double titre : premièrement, vous ne tombez pas dans le piège de vos propres préjugés, et deuxièmement, vous réagissez plus habilement à ceux de vos interlocuteurs.

Beaucoup de choses ont été dites sur la différence hommes/femmes. On nous rebat sans cesse les oreilles avec des analyses, des études, des annonces et des déclarations selon lesquelles les femmes seraient socialement plus compétentes, plus faciles à émouvoir, plus aptes à l'empathie et plus maternelles. Et, bien sûr, toutes les femmes adorent faire les courses et font une fixation sur les chaussures. Parallèlement, tous les hommes sont fous de voitures et de technique, ils sont congénitalement manuels, le moindre rhume les terrasse, ils ont l'esprit d'analyse, et gèrent tout avec sang-froid et objectivité, ils n'aiment pas parler et ne sont pas sensibles.

Il va de soi que ces généralisations ne résistent pas à un examen un peu approfondi. Les différences entre les sexes sont toujours à considérer comme des tendances et ne sont en aucun cas applicables à l'ensemble de la population. Il en va de même des autres préjugés, qu'ils concernent l'âge, l'origine ou la situation : cataloguer les gens en procédant à la louche est non seulement idiot, mais aussi injuste. Les poncifs, même s'ils ont l'air inoffensifs, influent énormément sur notre mode de pensée et sur nos actes : ils exacerbent les émotions, risquent de compromettre nos relations et de troubler notre vision. En effet, on prête aux autres certaines caractéristiques ou motivations, on les sous-estime, et on influe sur ses propres sentiments dans la mesure où on adopte par principe une attitude de rejet. Quand on est mis en difficulté, au lieu de saisir rapidement de quoi il retourne exactement, et ainsi de pouvoir réagir avec calme, on tourne involontairement en rond autour de ses propres idées préconçues. Les préjugés altèrent :

- votre propre état d'esprit (vous pouvez être, par exemple, plus ou moins tolérant ou agressif),
- ce que vous dites et la manière dont vous le dites, les sentiments agissant sur le langage,
- la façon dont vous êtes perçu par les autres,
- la façon dont votre préoccupation va être prise en considération.

Nos propres préjugés marquent notre personnalité et notre image

Prenez conscience de votre mode de pensée. Bien se connaître soi-même est une condition essentielle à une communication de qualité – surtout dans les situations où vous aimeriez réfléchir et réagir vite. Débarrassez-vous de vos idées toutes faites ! Faites travailler vos méninges et faites la liste écrite de vos préjugés :

- Surprenez, dans votre vie quotidienne, les généralisations ou les idées toutes faites qui peuvent vous traverser l'esprit : dans la salle d'attente d'un médecin où vous devez attendre longtemps (« C'est sûr, c'est juste parce que je suis au tiers payant ! »), quand on n'est pas aimable envers vous (« Typique de l'amabilité légendaire dans ce pays ! »), quand une grosse voiture vous double (« Les pontes ne supportent pas de rester derrière ! »), quand un train est en retard (« C'est bien la SNCF, jamais à la hauteur mais de plus en plus cher ! ») et ainsi de suite.
- Notez vos idées préconçues, pour autant que vous en soyez conscient, qu'elles soient positives ou négatives (par exemple : les fumeurs

EXERCICE

Associations
de pensées spontanées

Prenez un papier et un crayon et notez ce qui vous passe par la tête à l'évocation des termes suivants : médecins, retraités, femmes, hommes, riches, RMIstes, Italiens, Turcs, Américains, Allemands en vacances, jeunesse d'aujourd'hui, politiciens, mendiants, mannequins, personnel de service, femmes carriéristes, parents isolés, dons, associations caritatives, hommes au foyer, célébrités, gens économes. Ces idées peuvent être positives comme négatives ! Quelles sont celles qui surviennent instantanément, tels des préjugés ?

manquent de respect, on ne peut pas se fier à un étranger, les riches sont des incapables de naissance, les médecins sont tous des idéalistes, les femmes ont toute l'instinct maternel, les gestionnaires n'ont pas le sens des réalités, les culturistes n'ont rien dans la tête).

Triez, parmi ces idées et ces jugements, ceux qui vous embarrassent et ceux auxquels vous adhérez. Faites-le honnêtement sans chercher à être politiquement correct !

Quand vous formulez une idée toute faite, ce n'est pas sans incidence sur votre image : il peut arriver que certains froncent le nez et prennent leurs distances. Certains propos peuvent même vous faire passer pour quelqu'un de superficiel, voire sans personnalité, alors que ce n'est pas du tout le cas.

Un certain nombre d'expressions se sont enracinées dans le langage courant et sont utilisées par pure habitude. On n'y distingue même plus les lieux communs.

On les emploie parfois juste pour plaisanter. Mais en vous servant de clichés, en acceptant d'en rire, vous courez le risque :

- de vous dévaloriser.
  « Je suis blonde. »
- de dépasser certaines limites.
  « Vous êtes probablement indisposée ? »
- d'être insultant à l'égard d'une communauté plus large.
  « Les femmes et la technique... »
  « Typiquement masculin ! Ils n'ont rien d'autre dans la tête. »
- de manquer de tact et d'être blessant.
  « Alzheimer vous guette. »

Que la réflexion ait été faite pour plaisanter ou non n'a guère d'importance. Il est toujours recommandé de se comporter avec sensibilité et discernement, sens de la répartie ou pas !

Comment affronter les préjugés

Quand on est confronté à des amalgames irréfléchis, voire méchants, on se laisse souvent submerger par des sentiments spontanés et on reste sans voix, furieux, blessé ou simplement interloqué. Comme ce genre de propos jette le discrédit sur ceux qui les tiennent, il se peut que l'on juge un interlocuteur arrogant, superficiel ou stupide. Cela a bien sûr une incidence conséquente sur son propre comportement et sur la discussion en cours. En fonction de votre réaction, vous donnerez l'impression d'être plus ou moins calme et sûr de vous.

Il n'est pas exclu que vous soyez confronté à des idées préconçues, à travers des commentaires ou des remarques lancés incidemment, et destinés à vous blesser ou à vous provoquer. Plus le poncif est sournois et absurde, plus il est difficile de garder son sang-froid. Voici comment vous pouvez y répondre :

PROCÉDEZ À UN « INTERROGATOIRE » AMICAL ET NEUTRE

Répétez ce que vous avez entendu, avec vos propres mots. Optez pour une forme neutre, et manifestez votre intérêt sans brandir le bâton de la morale :

Adage : « Beau, mais bête »

Réaction : « Tu veux dire que tous ceux qui sont beaux sont stupides ? Tu es sérieux ? » Attendez sans détourner les yeux.

En la répétant de manière neutre, vous ôtez à la phrase d'origine son mordant. Cela vous rend la tâche moins épineuse et permet à votre interlocuteur de sauver la face. Il peut opérer un redressement si ses paroles ont dépassé sa pensée, ou il va être amené grâce à votre méthode impartiale à revoir son propos généralisateur injustifié.

REPRENEZ LE PROPOS EN LE RENVERSANT

Cette méthode permet de mettre en évidence l'absurdité du préjugé :

Adage : « Les individus en surpoids manquent totalement de discipline et de persévérance ! »

Réaction : « Cela signifie selon toi, que les gens minces ou ayant un poids normal sont disciplinés et persévérants ? » Votre interlocuteur doit maintenant jouer cartes sur table : est-ce vraiment ce qu'il pense et maintient-il son préjugé ? Il faut alors y revenir (voir plus loin : « Demandez des preuves »).

INVERSEZ LES RÔLES

Trouvez un critère qui s'applique à votre interlocuteur et lancez une généralisation, cette fois à ses dépens :

Adage : « Les patrons sont tous incompétents. Ils ne font que s'engraisser sur le dos de leurs employés. »

Réaction : « Que penseriez-vous de quelqu'un qui dirait : "Les secrétaires ne savent rien faire d'autre qu'apporter le café et se vernir les ongles" ? »

Grâce à ce genre d'échanges, vous amenez votre interlocuteur à se rendre compte que les généralisations sont non seulement injustes, mais qu'en plus elles n'ont aucun sens.

Quelqu'un qui se retrouve à son tour pris pour cible est souvent gratifié d'un « Ah ! ah ! je l'avais bien dit » riche d'enseignements.

DEMANDEZ DES PREUVES

Répondez au préjugé en cherchant à en savoir plus : « Comment en es-tu si sûr ? ». Obligez votre interlocuteur à développer son propos. Vous pourrez ainsi mieux le comprendre (même si vous n'êtes pas du tout d'accord). Si vous obtenez pour toute réponse « C'est comme ça », vous avez fait ressortir le côté conversation de bistrot de la réflexion.

Propos : « Tu n'es qu'une femme. La logique et vous, ça fait deux. »

Réaction : « Vraiment. Les femmes sont incapables de raisonner logiquement ? Qu'est-ce qui te fait dire ça ? » Taisez-vous et attendez.

LAISSEZ LE PROPOS TOMBER DANS LE VIDE

Il reste enfin toujours la possibilité de faire tout simplement semblant de ne pas entendre un préjugé (« Faire semblant de ne pas entendre » → page 34).

Se débarrasser d'une étiquette

« Mais, je ne suis pas comme ça ! » Que faites-vous quand on vous affuble d'une étiquette ?

→ Prenez-vous les choses très à cœur ? Quand on attache beaucoup d'importance à l'opinion des autres, on peut être profondément heurté par un jugement grossier :
« C'est injuste ! C'est complètement faux ! »

→ Vous aviez des doutes et ils ont été confirmés ? Quand on n'est pas sûr de faire du bon travail, et que l'on entend parler de « collègues incompétents », c'est la corde sensible qui est touchée.

→ Est-ce une question d'honneur ? On a des qualités dont on est fier. Si elles sont déniées en bloc, le choc émotionnel est énorme, et on réagit vivement : soit on abandonne la partie parce qu'on se sent mal, soit on s'énerve et on explose.

Désirer être capable de répliquer est compréhensible mais insuffisant. Vérifiez si vous n'avez pas un peu votre part de responsabilité dans la diffusion de ce stéréotype. C'est le seul moyen de traiter le problème à la racine et de s'en débarrasser une bonne fois.

Examiner l'étiquette de plus près

Toutes les remarques ne signifient pas que l'on vous colle une étiquette. C'est peut-être vous qui le supposez. Voici un exemple : une collaboratrice s'implique beaucoup, veille au moindre détail et au respect des délais, et dit ce qu'elle pense sans détours. Cela veut dire aussi qu'elle a plus souvent l'occasion d'être en opposition, ou de vous contredire. De son côté elle considère que c'est parfaitement justifié, et se comporte ainsi parce qu'elle est convaincue de faire du bon travail. En même temps, elle pense que les autres la trouvent un peu trop stricte et excessive et lui ont collé l'étiquette de pinailleuse.

Certaines conditions préalables favorisent l'octroi d'une étiquette :

1. Le manque d'assurance. Si vous avez éclaté en sanglots au bureau et en êtes épouvantée, vous imaginez probablement que les autres pensent comme vous. Ce que vous craignez c'est : « Quand une femme se met à pleurer, elle perd toute crédibilité professionnelle, et maintenant on ne va plus me prendre au sérieux ! »
2. L'habitude de cataloguer les gens soi-même : ce sont précisément les personnes qui ont l'habitude de juger et de cataloguer qui sont persuadées que les autres en font autant. Mais, ce qu'on pense soi-même ne correspond pas à cent pour cent à ce que pensent les autres. De plus, chaque individu, à l'intérieur d'un groupe, se forge sa propre opinion.

Et même si vous avez été catalogué, ce n'est pas nécessairement négatif. Si vous pensez que dans votre entourage quelqu'un vous a collé une étiquette, posez-lui tout simplement la question !

EXERCICE

Avez-vous l'impression d'avoir été catalogué ?

- Prenez bien conscience de l'étiquette qui vous a été attribuée. Cherchez à quoi vous devez l'associer, et comment on en est venu à vous cataloguer ainsi.
- Que pouvez-vous et voulez-vous faire pour vous débarrasser de cette étiquette ?
- Réfléchissez à ce que vous faites (ou avez fait) pour être affublé de cette étiquette. C'est votre comportement qui détermine ce que les autres pensent de vous. Avez-vous l'habitude de couper la parole brutalement aux gens ? Alors vous n'allez pas tarder à être qualifié de « mufle ». Vous êtes incapable de laver votre tasse vous-même et vous refusez de faire chauffer le café ? Alors vous serez vite considéré comme un « macho ».

De cette façon, vous gagnerez à tous les coups : vous saurez si vos suppositions se vérifient, et vous vous donnerez l'occasion de vous exprimer à ce sujet et de rétablir la situation. La plupart des individus répondent volontiers quand on leur pose la question gentiment et avec l'air sincèrement intéressé, même si a priori ils ne semblent pas enclins à parler.

Prenez conscience de votre attitude : avez-vous tendance à crier ? Jouez-vous les désemparés pour déléguer votre travail ? Vous n'acceptez pas que l'on vous aide ? Vous disjonctez facilement ? C'est vous qui êtes à l'origine de votre propre image ! Vous avez votre part de responsabilité dans les étiquettes qui vous sont collées.

Avoir de la répartie en cas de jugement expéditif

Peu importe qu'il s'agisse d'une étiquette dont on vous a affublé ou bien d'idées préconçues : quand vous y êtes confronté, il faut réagir vite !

Mais attention, les jugements expéditifs concernant une personne cachent différentes explications :

- On veut vous provoquer ou vous faire sortir de votre réserve.
- Votre interlocuteur cherche par une pirouette à détourner l'attention d'une erreur qu'il a commise ou d'une fragilité personnelle.
- Votre interlocuteur peut avoir été blessé, être dépité, en colère ou tout simplement avoir parlé sans réfléchir.
- Votre interlocuteur vous voit exactement comme il le dit. Cela ne vous indique quand même pas ses raisons profondes : est-il agacé que vous soyez « comme ça », cela lui est-il égal ou le contrarie-t-il ?

Vous pouvez appliquer les techniques suivantes pour réagir aux jugements rapides vous concernant :

VALIDER ET REPRENDRE LE FIL

Vous confirmez le propos par un simple « Oui », « Non » ou « Si tu le dis » et reprenez le fil de la conversation :

« Vous avez beau être méticuleux ! On pourrait quand même résumer pour aller plus vite ! »

« Vous trouvez peut-être que je suis méticuleux… Il est important pour moi de faire ce travail correctement, les détails en font partie. »

Vous passez ensuite au sujet en cours.

NE PAS S'ÉPARPILLER

Apportez la contradiction et exposez votre point de vue objectivement. Ne partez pas sur une discussion en répondant à une réflexion comme celle-ci :

« Mon Dieu, ne sois pas si mesquin ! »

« Ce n'est pas mesquin. » Revenez immédiatement au sujet de la conversation sans vous justifier.

Si vous entamez une partie de ping-pong sur le fait que vous soyez mesquin ou pas, vous tombez dans le piège de la digression recherchée (→ « Savoir exploiter les lieux communs » page 118).

PRENDRE LA CHOSE AVEC HUMOUR

Prenez la chose calmement et balayez le problème d'un simple clin d'œil :

4

« Tu veux vraiment tes 2 euros ? L'avarice est mère de tous les vices, non ? »
« Tu sais très bien : les bons comptes… »

APPROUVER PARTIELLEMENT

Vous acceptez l'opinion de votre interlocuteur, mais expliquez dans la foulée votre point de vue. Il ne s'agit nullement de s'opposer, mais d'exposer clairement sa position :
« Grand Dieu, ce n'est pas ce que je voulais dire. Vous êtes parfois très susceptible ! »
« Appelez cela susceptibilité si vous voulez… Je suis blessé quand on plaisante à mes dépens. Merci de vous en souvenir. »

SE PROTÉGER CONTRE L'AGRESSIVITÉ

Fixez clairement vos limites et expliquez que vous n'acceptez pas la réflexion qui vous a été faite et souhaitez que cela n'arrive plus :
« Vous êtes un vrai mufle ! »
« Stop ! Je n'accepte pas que l'on me parle sur ce ton. »
Si votre interlocuteur le prend mal, ne vous laissez pas déstabiliser. Insistez sur le fait que vous accepteriez volontiers de parler sérieusement de vos désaccords, mais pas dans ce contexte.

DÉJOUER LES TENTATIVES DE MANIPULATION

Si votre interlocuteur cherche de toute évidence à obtenir quelque chose en vous donnant mauvaise conscience, ne mordez pas à l'hameçon et montrez sans ambiguïté que vous avez compris la tentative !
Un collègue vous demande d'effectuer un travail à sa place. Vous avez refusé étant déjà surchargé. Il vous accuse alors de « ne pas avoir l'esprit d'entraide entre collègues ».
Répondez calmement et sans perdre votre sang-froid : « C'est clair, pour toi je n'ai pas l'esprit d'entraide quand tu n'obtiens pas ce que tu veux. »
Vous pouvez également souligner la tentative de manipulation :
« C'est moche de me reprocher de ne pas avoir l'esprit d'entraide juste pour obtenir ce que vous voulez. »

Quand on est au bord des larmes

Exactement de la même manière qu'on éclate de rire, il arrive aussi qu'on éclate en sanglots. Cela dépend de chacun, certains individus pleurent plus facilement que d'autres. Dès que vous sentez que vous n'allez plus pouvoir vous retenir – lorsque vous avez la gorge nouée par exemple – voici quelques conseils utiles :

→ respirez profondément pour libérer votre cage thoracique (afin d'éviter tout engorgement),
→ relâchez les muscles de votre visage,
→ regardez au loin et clignez des yeux à plusieurs reprises.

Assumez votre émotivité (ou apprenez à le faire). Il est inutile à ce stade d'essayer de la masquer : cela se voit sur votre visage qui s'empourpre, vos lèvres qui tremblent, ou à votre air pincé et à vos yeux embués. Ne dissipez pas vos forces à essayer de cacher quelque chose qui, de toute façon, est flagrant. Si dans ce cas, vous faites comme si de rien n'était, ou si vous vous excusez, êtes confus ou en faites tout une histoire, vous paralysez votre capacité de concentration et votre réactivité. Prenez plutôt un mouchoir, ou demandez-en un.

→ Si vous vous connaissez bien et savez parfaitement que vous allez vous reprendre rapidement, allez vous réfugier aux toilettes, respirez profondément et rafraîchissez-vous à l'eau froide.

→ Si vous savez qu'il est trop tard quand les sanglots arrivent, laissez-vous aller. Assumez vos émotions ! Vous maîtriserez mieux la situation et serez plus en mesure d'argumenter en assumant vos émotions et en poursuivant la conversation (même si vous devez pester et laissez couler quelques larmes).

Être maître de soi ne signifie nullement ne jamais pleurer devant les autres, mais assumer ses propres émotions !

Exploiter les lieux communs

Les lieux communs peuvent être utiles à votre sens de la répartie en vous permettant d'insister sur un point ou d'opérer une manœuvre de diversion.

Insister sur un point

Vous pouvez amener votre interlocuteur à sortir de sa réserve avec un clin d'œil : en lui montrant que vous le connaissez bien ou en soulignant un commentaire inapproprié, sans en faire tout une histoire.

Cela vous permet, d'un côté, de garder votre sang-froid et, de l'autre, de ne pas cautionner une remarque sans pour autant vous fâcher. Mais il est important que vous preniez la chose vraiment de manière décontractée sans ironie sous-jacente ! Voici comment :

ÉCLAIRER CERTAINS PROPOS À L'AIDE DE PONCIFS

Vous vous apercevez que votre interlocuteur se dérobe et voulez lui ouvrir les yeux.

Exemple : votre compagnon a été maladroit avec une amie commune, et cela s'est terminé par une dispute. Il veut maintenant vous laisser régler le problème : « Parle-lui toi. Tu le fais beaucoup mieux ! »

« Tu veux dire que, nous les femmes, communiquons plus facilement que vous, handicapés de la sensibilité ? »

UTILISER UN PONCIF POUR ENFONCER LE CLOU

Si vous sentez venir l'impasse, ou si vous remarquez que votre interlocuteur est frustré ou agacé, vous pouvez très bien exagérer une idée en citant un poncif, et ainsi détendre l'atmosphère.

Exemple : l'employé d'un centre d'appel (énervé) :

« Vous, les secrétaires, vous faites tout le temps barrage ! »

La secrétaire : « Rien de tel qu'un bon cerbère à la réception ! »

Opérer une manœuvre de diversion

Les lieux communs sont un moyen très efficace pour aiguillonner quelqu'un. Amusez-vous à glisser volontairement des poncifs dans une conversation entre amis : si vous êtes un homme, dites à des amies proches quelque chose comme : « Vous, les femmes, vous êtes toutes des mères poules, c'est dans vos gènes. » Et si vous êtes une femme, dites à des hommes : « Les hommes qui travaillent sont de mauvais pères. »

Faites la réflexion sur un ton anodin et attendez son effet : dans 90 pour cent des cas, votre interlocuteur va prendre la mouche et se défendre. Cela signifie bien entendu que, dans une situation délicate, il est toujours possible de faire diversion à merveille et instantanément en citant un cliché. La plupart des individus réagissent au quart de tour à un propos généralisateur, parce que :

→ **IL EN APPELLE A LEUR ORGUEIL**

« Si vous étiez un tantinet serviable, nous n'aurions pas ce genre de conversations. »

→ **UN REPROCHE LEUR EST FAIT**

« Vous laissez complètement tomber vos études ! »

→ **UNE IDÉE EST ÉVOQUÉE À LAQUELLE ILS SONT FONCIÈREMENT OPPOSÉS**

→ « C'est justement pourquoi les hommes et les femmes ont tant de mal à discuter ensemble. »

Cette tactique – que vous en soyez conscient ou pas – est aussi appliquée par les autres à vos dépens ! Pour vous en sortir, le mieux est de ne pas mordre à l'hameçon, en faisant semblant de ne pas entendre le propos et en ne changeant pas de sujet, ou bien en mettant en évidence la manœuvre de diversion : « Ne détournez pas la conversation, nous sommes en train de parler de… », « Ce n'est pas le sujet… », ou bien rejetez la remarque en indiquant gentiment mais avec fermeté : « Cette remarque est inopportune, car… » ou « Je n'ai rien entendu ! ».

EXERCICE

Comment gérer une situation conflictuelle pas à pas

En quelles circonstances vous sentez-vous couvert de honte ?

___

Quel travail pourriez-vous faire sur vous-même pour diminuer ce sentiment et agir avec davantage d'assurance dans les circonstances ci-dessus ?

___

Lorsqu'un reproche vous est fait, comment réagissez-vous ?

- ○ Je suis comme paralysé.
- ○ Je me dis que ce n'est pas possible.
- ○ Je m'excuse immédiatement, avant même d'en savoir plus.
- ○ Je le prends tout de suite mal.
- ○ Je me fâche.
- ○ Je cache ma colère.
- ○ J'ai peur que cela ne dégénère en bagarre.
- ○ ___

Vous pouvez très bien apporter plusieurs réponses à cette question, selon les circonstances, le reproche et l'interlocuteur. Faites la différence !

Vous êtes à chaque fois satisfait de votre réaction ? Pourquoi oui/non ?

___

Qu'aimeriez-vous modifier et comment ?

___

Comment vous jugez-vous face à la critique ?

Comment réagissez-vous lorsque quelqu'un vous fait remarquer une erreur ou vous adresse une critique ? ______________________________

____

Revoyez encore une fois les 7 conseils pour gérer la critique sereinement (→ page 96). Repassez-vous le film d'un événement récent : quelle critique avez-vous subie ? Comment auriez-vous pu réagir ?

____

____

Revoyez encore une fois en détails les différents comportements possibles en cas de critique injustifiée (→ page 98). Réfléchissez maintenant à des occasions où quelqu'un vous a parlé sur un ton déplacé :

Quelle est l'attitude la plus adaptée à votre avis ?

____

____

À quoi pourrait dorénavant ressembler votre réaction à une critique injuste ?

____

____

Décelez les formules toutes faites que vous employez vous-même (par exemple « Je suis blonde » ; « Alzheimer te guette » ; « Je parie que tu es indisposée »).

Prenez conscience des circonstances et des raisons qui font que vous y avez recours. Par habitude, ou parce que vous espérez déclencher l'hilarité ?

____

____

Solutions d'urgence !
Que faire lorsque…

… UNE FOIS ENCORE VOUS N'AVEZ RIEN TROUVÉ A RÉPONDRE ?

Ne pas s'énerver ! Soyez indulgent avec vous-même et ne soyez pas déçu si tout ce que vous entreprenez ne réussit pas du premier coup. Tirez au contraire les enseignements de cette expérience et demandez-vous : « Qu'aurais-je pu dire ? » Prenez un bloc de papier et inscrivez tout ce qui vous passe par la tête. Quelles conséquences ces réponses auraient-elles pu avoir ? C'est là un programme de travail efficace : vous vous créez ainsi une réserve de réactions possibles, et en même temps vous vous sensibilisez à leurs suites potentielles.

… VOUS N'AVEZ PAS EU LE COURAGE DE DIRE QUELQUE CHOSE ?

C'est sans importance. Commencez par essayer mentalement les meilleures réparties. Profitez de la situation et dites-vous : « Voilà ce que je pourrais dire/dirais maintenant à X ou Y. » S'entraîner en silence est aussi un moyen de progresser ! Plus vous serez sûr des réactions que vous souhaiteriez avoir, plus vous parviendrez vite à avoir le courage de les exprimer à voix haute.

… LE PROBLÈME N'A PAS ÉTÉ RÉGLÉ ?

Vous avez échangé des réparties vives, ou bien vous avez maîtrisé la situation grâce à votre sens de la répartie, mais malheureusement il n'en est rien sorti ? Cherchez à renouer la conversation avec la personne concernée, et parlez-lui de votre préoccupation. Vous avez déclaré à un collègue que vous n'appréciiez pas ses plaisanteries, mais il continue sans relâche de vous en raconter ? Parlez-lui seul à seul sérieusement et allez droit au but. Demandez-lui pourquoi il ne tient pas compte de votre demande et attendez sa réaction en silence.

→ … VOUS NE VOUS SENTEZ PAS PRIS AU SÉRIEUX ?

N'essayez pas de régler un problème aussi profond que la peur de ne pas être pris au sérieux par une joute verbale agressive. Cela ne marche pas, et dessert votre cause. Prenez plutôt votre courage à deux mains, et parlez seul à seul avec la personne concernée. Expliquez ce que vous ressentez, et attendez gentiment en silence. Votre interlocuteur va s'exprimer.

→ … VOUS AVEZ ÉTÉ BLESSÉ PAR UNE RÉFLEXION ?

Quand on a le sens de la répartie, il faut s'attendre, de temps à autre, à recevoir un retour de manivelle. Et ce n'est pas plus mal si parfois vous tombez sur un interlocuteur qui a la langue bien pendue. Mais peut-être aussi que vous êtes blessé par une réflexion qui n'a en soi rien de méchant, et qui n'a pas été prononcée dans ce but. Si, à votre réaction, on ne se rend pas compte qu'on vous a vexé, il est important que vous le disiez ouvertement. Vous donnez ainsi à votre interlocuteur l'opportunité de s'excuser et de balayer le malentendu.

→ … VOUS AVEZ-VOUS VOUS-MÊME BLESSÉ QUELQU'UN PAR UNE RÉPARTIE ?

Il arrive parfois qu'on ressente un malaise après une réaction un peu vive, quand on se rend compte qu'on vient de plaisanter aux dépens de quelqu'un, ou bien parce que sous le coup de la colère on a été injuste envers lui. Peut-être va-t-on vous le faire remarquer ou peut-être allez-vous vous en rendre compte à la réaction de la personne. Dans ce cas, il faut aller vers l'autre et lui présenter ses excuses. Pensez à ceci : des excuses, même si elles ne sont pas toujours faciles à prononcer, sont une preuve de qualité d'âme. Vous soulignez l'importance que vous lui accordez en cherchant à parler à cette personne seul à seul et en renonçant aux phrases toutes faites comme « désolé » ou « ce n'est pas ce que je voulais dire. »

Index

Index

Traduit de l'allemand par Annie Joyaux
Couverture : Solenne Siben

ISBN : 978-2-7114-1939-5
Dépôt légal : septembre 2008

Achevé d'imprimer par IME en France.